Fisch

Seefisch & Meeresfrüchte kombiniert mit Gemüse aus dem Mittelmeerraum

Rolf Straubinger, Burgrestaurant Staufeneck

BUCHMACHEREI RALF RÜFFLE

Inhalt

Vorwort Harald Wohlfahrt

Es gibt einige Kochbücher, die sich mit dem Thema Fisch befassen, aber ich kenne wenige Köche, bei denen das Thema besser aufgehoben wäre, als bei Rolf Straubinger – Gratulation zu diesem schönen Buch.

Es war Ende der 80er Jahre als Rolf Straubinger zu unserem Team stieß – frisch von der Hotelfachschule Heidelberg, aber schon mit festen Vorstellungen und hochmotiviert. Eine gute Voraussetzung für die Küche der Traube Tonbach, denn wir waren gerade auf dem Weg zu unserem dritten Stern – da braucht man solche Köche.

In den zwei Jahren, die Rolf Straubinger bei mir am Herd stand, hat er sich vom Commis Saucier schnell zum Chef Saucier und dann zu meinem Sous Chef gekocht. Gerade in so einer spannenden Zeit muss das Team Hand in Hand arbeiten und die enge Zusammenarbeit funktioniert nur, wenn eine freundschaftliche Grundstimmung herrscht. Der Küchenalltag allerdings, lässt wenig Zeit für lange persönliche Gespräche. Die fanden dann eher am Rand des Fußballfeldes statt, oder wenn die Küchenbrigade gemeinsam die Küchenkasse auf den Kopf gehauen hat...

Zu den fachlichen Gesprächen kamen mit der Zeit auch immer mehr unternehmerische Gesichtspunkte unseres Geschäfts – heute führt Rolf Straubinger gemeinsam mit Klaus Schurr erfolgreich ein eigenes und sehr großes Haus. So ganz fruchtlos kann's also nicht gewesen sein.

Er hat seinen eigenen Weg gefunden und mit Fisch auch sein eigenes Küchenthema, das er wirklich virtuos beherrscht. Lassen Sie sich also inspirieren von den Bildern und Rezepten und viel Spaß beim Kochen und Geniessen.

Harald Wohlfahrt kocht seit Jahren in der Schwarzwaldstube des Hotels Traube Tonbach auf allerhöchstem Niveau. Er gilt als einer der besten Köche Europas.

Harald Wohlfahrt

Vorwort Dr. med. Gerhard Müller-Schwefe

Was hat Rolf Straubinger mit Wolfgang Amadeus Mozart zu tun und wie kommt ein Arzt dazu, ein Vorwort für »seinen« Koch zu schreiben?

Zunächst zur zweiten Frage: als Präsident der größten nationalen schmerztherapeutischen Fachgesellschaft habe ich häufig das Privileg, mit inländischen und ausländischen Gästen die großartige Küche von Rolf Straubinger zu genießen. Gleichzeitig habe ich durch umfangreiche Vortragstätigkeit und internationale Konferenzen oft das Vergnügen, manchmal die Pflicht, weltweit die Kreationen großer Küchenchefs kennen zu lernen. Bei diesen Gelegenheiten drängt sich mir die Frage auf: Was unterscheidet diese Köche von Rolf Straubinger? Der Ausblick vom »Carnelian Room« in San Fransisco auf Golden-Gate-Bridge und Alcatraz, wie auch der Blick auf Manhattan, den der »Rainbow-Room« im 40. Stockwerk des Rockefeller Centers bietet mögen spektakulärer sein, als der grandiose Ausblick von Burg Staufeneck auf das Stammland der Staufer Könige und Kaiser, – der spektakulärste Unterschied liegt auf einem anderen Gebiet: Viele Spitzenköche kochen interessant, spektakulärer, überraschend und aufregend – Rolf Straubinger kocht authentisch.

Bei den vielen verschiedenen Kreationen, die ich im Laufe unserer Bekanntschaft und Freundschaft kennen lernen durfte, habe ich bei Rolf Straubinger immer den Eindruck: *Dieses Gericht kann nur so schmecken.* Rolf Straubinger schafft es jedes Mal, die Quintessenz eines Produktes auf den Teller zu bringen – manchmal druckvoll, manchmal witzig aber immer ohne Schnörkel, ohne Ablenkung. Dass alles, was seine Küche verlässt, handwerklich perfekt, ist versteht sich von selbst. Darüber hinaus aber ist Rolf Straubinger ein begnadeter Komponist von Aromen. Hier entstehen großartige Kunstwerke, die ihren Ursprung in einer ungeheuren Vorstellungskraft, verbunden mit unglaublicher Kreativität und Phantasie haben. Am Ende steht eine geniale Komposition, die immer wieder neu überrascht durch ihre Kreativität und Vielfalt. Und hier ist auch die Verbindung zu Mozart. Obwohl ich Rolf Straubinger noch nie habe Mozart pfeifen hören, verbindet ihn vieles mit diesem großartigen Komponisten: beide benutzen »Rohstoffe« und Grundmaterialien, die allen anderen auch zur Verfügung stehen und gestalten daraus etwas Einmaliges, Grandioses und Unverwechselbares und das hinterlässt den Eindruck: nur so kann es klingen, nur so kann es schmecken. Damit steht Rolf Strau-

binger als »Aromen-Komponist« in einer Reihe mit Bach, Mozart, Beethoven. Dass diese
Genialität im Umgang mit Fisch besonders
zum Tragen kommt überrascht nicht, ange-
sichts der Tatsache, dass Rolf Straubinger 1997
bei Paul Bocuse zum weltbesten Fischkoch gekürt wurde. Überflüssig auch zu sagen, dass
seine Gerichte nie von belanglosen Beilagen
begleitet werden, sondern alles, was den Teller
schmückt, dient in höchster Form der Vollen-
dung der Gesamtkomposition. Nur am Rande
sei erwähnt, dass ich keinen Koch in Deutschland kenne, der – wie Rolf Straubinger – ein
Menu zu einer vorgegebenen Abfolge von
großen Weinen kochen kann.

Ich wünsche Ihnen beim Blättern, beim Lesen
und beim Nachkochen dieser wunderbaren
Kreationen viel Vergnügen.

Dr. med. Gerhard Müller-Schwefe

Präsident Deutsche Gesellschaft für Schmerztherapie e.V.

Warenkunde

Es gibt zigtausend Fischarten auf der Welt. Die meisten sind Salzwasserfische und leben im Meer. Für die Ernährung des Menschen sind Fische ein wichtiger Wirtschafts- und Gesundheitsfaktor. Die für die Ernährung bedeutsamsten Meeresfische leben vor allem in Küstennähe, in bis zu 200 Meter Tiefe. Hier finden sie reichlich Nahrung. Einige weinige erweitern ihren Lebensraum bis in 800 Meter und größere Meerestiefen. Etwa 90 Prozent unseres Fischertrags kommen aus diesen meist küstennahen Salzwassergebieten. In großen Tiefen bis 800 Meter gibt es daher durchaus lohnenswerte Fänge. In den gewaltigen Tiefen der Ozeane dagegen gibt es kaum Speisefische in nennenswerten Mengen.

Versorgung und Verbrauch von Fischereierzeugnissen

Die Beliebtheit von Fisch und Fischerzeugnissen verzeichnet erfreulicherweise eine steigende Tendenz. Insgesamt kann man sagen, dass Fisch ein sehr gutes Image genießt und die Verbraucher besonders wählerisch geworden sind. Qualität und Sicherheit steht beim Fischeinkauf vor dem Preis! Fisch ist und bleibt ein überaus wichti-

ges Nahrungsmittel und er ist für unsere Gesundheit unbedingt notwendig. Die Verbraucher haben das längst erkannt. Sie scheuen sich heute auch nicht mehr, Fisch frisch zu kaufen und selbst zuzubereiten.

2002 lag der Pro-Kopf-Verbrauch von Fischereierzeugnissen (Seefisch, Süßwasserfisch, Krebs-, Schal- und Weichtiere) bei 14,0 kg. Viele Bundesbürger erreichen damit das, was Ernährungswissenschaftler fordern: zweimal pro Woche Seefisch. Das sind 300 bis 400 g (pro Portion 150 bis 200 g) Kabeljau, Makrele, Hering, Seezunge, Rotbarsch, Lachs oder sonstige Fische.

Von den Meeresfischen hatte 2002 der Alaska-Seelachs mit (31,6 %), Hering (15,5 %), Thunfisch und Boniten mit (12,2 %), Lachs (7,9 %) und Seehecht (5,9 %) die größte Marktbedeutung. Danach folgten Rotbarsch (5,1 %), Seelachs (Köhler, 4,9 %), Kabeljau (4,0 %), Makrele (2,0 %), Neuseeländischer Seehecht (Hoki, 1,8 %), Scholle (1,1 %), und Heilbutt (0,4 %). Delikatessen wie Loup der mer (Wolfsbarsch, Steinbeißer), Seeteufel und Red Snapper (Roter Schnapper) rangieren wie viele andere auf Grund ihres hohen Preises ganz unten in der Verbrauchsstatistik.

Der Pro-Kopf-Verbrauch verteilte sich im Jahr 2002 mit 32 % auf Tiefkühlfisch, gefolgt von Konserven und Marinaden mit 29 %, Frischfisch mit 12 % und Krebs-, Schal- und Weichtiere mit 11 %. Den Restanteil des Fischkonsums nehmen die »sonstigen Fischerzeugnisse« ein: 7 % Gabelbissen, Achosen, Appetitsild, Salzheringe, Matjes, Lachserzeugnisse; Räucherfisch mit etwa 6 % und die diversen Fischsalate mit 3 %.

Die Fischarten

Die Einteilung der Fischarten ist überaus komplex. Grundsätzlich unterscheiden wir nach dem Lebensraum die zwei großen Gruppen Meeresfische (Seefische) und Süßwasserfische (aus Flüssen, Binnenmeeren, Bächen und Seen). Innerhalb dieser Hauptkategorien finden sich die drei zoologischen Klassen mit ihren Arten

- Rundmäuler
  (wenige Arten, z. B. Neunaugen)
- Knorpelfische
  (etwa 500 Arten, z. B. Haie, Rochen, Seedrachen)
- Knochenfische
  (etwa 20.000 Arten, mit den Ordnungen aalartige, tarpunähnliche, heringsartige, lachsartige, welsarti-

ge, dorschartige, ährenfischartige, karpfenartige, schleimkopfartige, barschartige und makrelenartige Fische etc.)

Die **Knorpelfische** haben ein knorpeliges Skelett, das sehr biegsam ist. Selbst der Schädel besteht aus Knorpel. Die größten Knorpelfische sind der Riesenhai (bis 12 m lang) und der Walhai (bis 15 m lang). Als Speisefische sind nur der Heringshai, der Dornhai und der Katzenhai von Interesse.

Die Gruppe der **Knochenfische** ist weltweit die dominierende Fischklasse mit ihrer gesamten Artenvielfalt in allen Meeren, Flüssen und Seen. Das Skelett dieser Fische ist teilweise oder völlig verknöchert. Bei der teilweisen Verknöcherung besteht nur der Schädel aus richtigen Knochen, das Skelett dagegen ist aus Knorpelmasse aufgebaut, Wirbelkörper sind nicht vorhanden. Echte Knochenfische besitzen ein komplett verknöchertes Skelett mit Wirbelsäule, Wirbelkörpern, Knochenschädel und knöcherigem Kiefer.

Die »Kücheneinteilung«

Neben dieser zoologischen Einteilung der Fische gibt es noch eine weitere Unterscheidungsmöglichkeit, die für die Küchenpraxis sehr sinnvoll ist: Die Einteilung nach Körperformen. Der Koch unterscheidet:
- Schlangenfische (z. B. Aale)
- Plattfische (z. B. Seezunge, Scholle, Flunder, Steinbutt)
- Rundfische (alle anderen)

und geht beim Ausnehmen, Entgräten, Filetieren und Zubereiten jeweils anders vor.

Im folgenden sind wichtige Speisefische aus dem Meer vorgestellt, einige finden in unseren Rezepten Verwendung.

Baramundi

Der Barramundi gehört zu den Riesenbarschen und ist ein silbergrauer länglicher, hochrückiger Fisch mit ausgeprägter, hochstrahliger Rückenflosse. Der Barramundi hat ein großes, rundliches Maul mit einem Unterkiefer der bis hinter das Auge reicht. Die Schwanzflosse ist abgerundet. Er lebt als erwachsener Fisch in Flüssen und laicht in Mündungen. Die Jungfische wachsen dementsprechend im Brackwasser und in mit Mündungen verbundenen Sumpfgewässern auf.

Das Filet ist praktisch grätenfrei und mit oder ohne Haut zu verarbeiten und zu verspeisen.

Herkunft: Sri Lanka, Vietnam Australien. Geschmack und Konsistenz: Sehr zart und schmackhaft. Weisses, festes Fleisch.

Bonito
(Echter Bonito, Gestreifter Thun)

Die Boniten gehören zur Familie der Thunfische. Sie sind wirtschaftlich sehr wichtige Nutzfische, insbesondere für die USA und für Japan. Beim *Echten Bonito* handelt es sich um den Gestreiften Thunfisch. Das ist mit etwa 80 cm Länge eine relativ kleine Thunfischart. Der Bonito hat auf der silbrigen Bauchseite 5 bis 7 Längsstreifen. Er lebt in allen warmen bis mäßig warmen Meeren und wird das ganze Jahr über gefangen. Neben dem *Echten Bonito* kennen wir auch den *Altlantischen* und den *Pazifischen Bonito*. Der *Atlantische Bonito* hat

einen silbrigen Bauch und einen hellblauen Rücken mit bis zu 20 schrägen Längsstreifen. Er wird bis zu 90 cm lang und maximal 10 kg schwer. Der *Pazifische Bonito* hat eine große wirtschaftliche Bedeutung für die gesamte Pazifikküste von Alaska bis Peru und Chile. Er wird bis zum 1 m lang bei rund 5 kg Gewicht. Das Fleisch der Boniten ist hervorragend und eignet sich für viele Zubereitungsarten.

Flunder

Die Flunder gehört neben Scholle, Seezunge, Stein- und Heilbutt zu den beliebtesten Plattfischen. Diese Fische haben beide Augen auf einer Seite »Augenseite«, diese Seite schwimmt oben. Die Unterseite wird als »Blindseite« bezeichnet und ist heller. Das Rückgrat der Plattfische befindet sich in der Mitte der Oberseite und ist die Mittelgräte. Kleiner Plattfische wie Flunder und Seezunge oder Scholle werden sowohl im Ganzen wie auch filetiert zubereitet. Die Flunder liefert ein sehr edles zartes und mageres Fleisch, das sowohl gedünstet und gebraten hervorragend schmeckt.

Goldbarsch, Rotbarsch

Der rötlich-gold schimmernde Fisch gehört eigentlich nicht in die Familie der barschartigen Fische, sondern wird den Panzerwangen zugeordnet. Er ist ein hochentwickelter Stachelflosser mit Dornen, Stacheln und harten Schuppen. Typisch sind die großen Augen, die Ausbildung des relativ großen Kopfes und der Panzerwangen, ein von den Knochen unterhalb der Augen ausgehender Knochensteg, der bis zum Vorderkiemendeckel verläuft. Der

Gold-oder Rotbarsch ist ein sehr begehrter und feiner Speisefisch. Er lebt in Küstennähe wie auch auf hoher See in Tiefen bis 200 m. Er frisst Planktontiere und kleine Fische, z. B. Heringe. Der Gold- oder Rotbarsch wird bis zu 1 m lang und 1,5 kg schwer. Er wird überwiegend filetiert angeboten.

Heilbutt

Ein wichtiger Vertreter der Plattfische mit feinem Geschmack und zahlreichen Verwendungsmöglichkeiten. Der Heilbutt ist der größte Plattfisch. Er kommt im Nordostatlantik vor, bis zum Nordwestatlantik bis nach Neufundland. Der Raubfisch lebt in Tiefen von 50 bis 2.000 m und ernährt sich von Fischen. Der Heilbutt wird bis zu 2 Meter lang und 300 kg schwer. Solche Exemplare sind jedoch für den Verzehr weniger geeignet, da das Fleisch eine mindere Qualität aufweist. Kleine Heilbutts werden in Scheiben geschnitten (»Koteletts«) und gebraten oder gegrillt. Heilbutt ist ideal zum Räuchern.

Hering

Die Familie der Heringsfische macht etwa ein Drittel der gesamten Jahresfischausbeute weltweit aus. Es gibt sehr viele Vertreter mit unterschiedlich kulinarischem Wert. Am beliebtesten und wichtigsten ist der *Atlantische* und der *Pazifische Hering*. Der *Atlantische Hering* hat einen länglichen Körper mit ovalem Querschnitt. Die Rückenpartie ist dunkelgrau mit teilweise grünlichem Schimmer, die Bauchseite silbrig.

Heringe sind in großen Schwärmen unterwegs und dringen bis in flacheKüstenregionen vor. Als Nahrung dienen sowohl Planktontiere wie auch kleine Schnecken und Fischlarven. Der Hering gilt als Delikatesse, da er – je nach Fangzeitpunkt und Wachstumsstadium – eiweiß- und relativ fettreich ist. Er wird sehr vielseitig zubereitet – gegrillt, gebraten, eingelegt. Mariniert ist er als Bismarckhering, Rollmops, Sild oder Brathering bekannt. Gesalzen als Salzhering oder Matjes, geräuchert ist er als Bückling im Handel.

Kabeljau • Dorsch

Der beliebteste Konsumfisch hierzulande. Er hat eine dezente punktartige Zeichnung und eine ausgeprägte, geschwungene Seitenlinie. Langgestreckter Körper, drei dicht beieinander stehenden angerundeten Rückenflossen und zwei Bauchflossen. Typisch ist der lange Kinnfaden. Der Kabeljau kommt im Pazifik und Nordatlantik sowie in der Nord- und Ostsee vor. Bei einem noch nicht geschlechtsreifen Jungfisch, spricht man vom Dorsch. Der Fisch liefert vorzügliches, zartes Fleisch mit wenig Fett, zu erschwinglichen Preisen, da der Fisch sehr häufig vorkommt. Getrocknet und gesalzen wird er als Klipp- und Stockfisch angeboten. Aus Dorschleber wird Lebertran gewonnen.

Makrele

In die große Gruppe der Makrelenfische gehören die *Makrelen,* die *Thunfische* und die *Boniten.* Alles sind schnell-

schwimmende Fische, die in Hochseegewässern leben. Wir unterscheiden die *Atlantische* und *Pazifische* (spanische) Makrele, wobei die *Pazifische Makrele* aus kulinarischer Sicht besser bewertet wird. Makrelen sind fettreiche Fische mit äußerst schmackhaftem Fleisch und zahlreichen Verwendungsmöglichkeiten, vor allem zum Grillen, Braten, Dünsten und Räuchern. Der Fettanteil ist reich an gesundheitlich wertvollen Omega-3-Fettsäuren, die gegen Arteriosklerose ärztlich empfohlen werden.

Red Snapper
(Roter Schnapper)

Ein edler, sehr feiner Speisefisch, der in den USA der Spitzenreiter unter den Konsumfischen ist und sich auch bei uns zunehmender Beliebtheit erfreut. Der Fisch ist rötlich gefärbt und kann bis zu 3 kg Gewicht erreichen. Die Fanggebiete liegen in den warmen Küstenzonen des Westatlantiks. Das Fleisch des Roten Schnappers ist weiß, zart, mager und enthält nur wenige große Gräten, die leicht zu entfernen sind und die Zubereitung einfach machen. Er eignet sich zum Dünsten, Braten, Grillen und sogar zum Füllen.

Rotbarbe
(Rote Meerbarbe, Streifenbarbe)

Rote Meerbarbe ist ein bis zu 30 cm langer, gestreckter Fisch mit einem steilen Kopfprofil und zwei Rückenflossen, die in weitem Abstand stehen. Die Haut schimmert silbergrau, durchsetzt mit rötlichen Stellen. Sobald der

Fisch in eine große Gefahr oder gar Todessituation gerät, nimmt die Haut verschiedene Rottöne an. Daher auch sein Name. Rotbarben kommen vor allem im *Schwarzen Meer* und im *Mittelmeer* vor. Sie liefern ein vorzügliches Fleisch. Beliebt sind auch Streifenbarben *(Rougets de roche)*. Sie sind rötlich gefärbt mit der Andeutung von eines schmalen Streifens in dunkelrot oder braun vom Auge bis zur Schwanzflosse. Sie haben ein sehr schmackhaftes Fleisch und lassen sich im kleinen Zustand im Ganzen und unausgenommen grillen, da sie keine Gallenblase haben.

Rotzunge
(Echte Rotzunge, Limande)
Ein exzellenter Plattfisch mit kleinem Kopf, kleinem Maul und großem breitovalem fleischigem Körper. Er hat eine schleimige Haut, die auf der Augenseite rötlich bis bräunlich gefärbt ist. Die Blindseite ist weiß. Der Fisch kommt vom *Nordatlatik* über die *Biskaya* bis zur *Nordsee* und zum *Weißmeer* vor. Das Fleisch ist weiß, mager und ideal zum Braten und Pochieren. Neben der Echten Rotzunge gibt es die *Pazifische Rotzunge*, die an der amerikanischen Westküste gefangen wird.

Schellfisch
Er gehört zu den *dorschartigen* und ist mit Kabeljau und Seelachs verwandt. Ein wichtiger Speisefisch von bester Qualität. Er hat die typische schwarze Seitenlinie und einen schwarzen Fleck über der Brustflosse. Er wird bis zu einem Meter lang und 12 Kilo schwer. Seine Filets kommen frisch und tiefgefroren auf unseren Markt, Schellfisch eignet sich auch gut zum Räuchern.

Scholle
(Goldbutt)
Ein beliebter Plattfisch mit edlem, magerem Fleisch und vielen Verwendungsmöglichkeiten. Die Augenseite ist bräunlich mit kleinen rötlichen Flecken, die Blindseite ist weiß. Die Scholle kommt vom Nordatlantik bis ins westliche Mittelmeer und Weißmeer vor. Der Fisch wird bis zu 90 cm lang und 7 kg schwer. Schollen sind sehr beliebte Speisefische. Ihre zarten mageres Filets eignen sich zum Pochieren, Dünsten, Braten, Gratinieren und Füllen (Schollenröllchen).

Seehecht
Der Raubfisch hat einen langgestreckten Körper, ein ausgeprägtes weites Maul mit vorstehendem Unterkiefer und kräftigen Zähnen. Der Seehecht wird bis zu einem Meter lang und bis zu 10 kg schwer. Er lebt in Tiefen von 100 bis 1.000 m und kommt im Nordostatlantik, an der nordwestafrikanischen Küste und im Mittelmeer vor. Der Seehecht hat erst seit ein paar Jahren eine gewisse kulinarische Bedeutung im europäischen Raum. Im mediterranen Raum hat er die gleiche Bedeutung wie bei uns der Kabeljau.
Das Fleisch des Seehechtes, der auch Hechtdorsch genannt wird, ist weiß und sehr fein. Als Frischfisch schmeckt der Seehecht im Sommer am besten. Meist wird er in Form von tiefgefrorenen Filets angeboten.

Seeteufel
(Anglerfisch)
Er gehört zu den welsartigen Fischen, deren typisches Kennzeichen Bartfäden am Kopf sind. Der Seeteufel sieht

aufgrund seines vorstehenden Unterkiefers und seiner armartig ausgebildeten Seitenflosse etwas bizarr aus. Er hat zwischen den Augen Fühler, die wie Angelruten wirken. Ein hochgeschätzter, teurer Speisefisch. Bei einer maximalen Größe von etwa 2 Metern kann er stattliche 30 bis 40 kg Gewicht auf die Waage bringen. Er kommt im Nordostatlantik, der Barentsee, in der Nordsee sowie in der Ostsee vor.

Seezunge
(Dover Sole)

Sie ist der wertvollste, feinste und wohl auch der populärste Fisch unter den Plattfischen. Der Fisch ist relativ teuer, zumal die Bestände rückläufig sind. Die Seezunge kommt im Nordostatlantik vor bis hin zum Ärmelkanal, in der westlichen Ostsee und im Mittelmeer. Sie erreicht eine Größe von etwa 40 cm bis maximal 60 cm bei bis zu 3 kg Gewicht.
Seezungen werden im Ganzen und als Filet angeboten, sowohl frisch wie auch tiefgefroren. Das Fleisch ist weiß, sehr zart und fettarm. Es eignet sich zum Braten (auch paniert), dünsten, pochieren und zum Füllen sowie zum Überbacken (Seezungenröllchen).

Sankt Petersfisch

(Heringskönig)

Dieser Fisch sieht etwas bizarr aus: Er hat eine leicht gedrungene Form, ist grau, ein ausgeprägtes Maul, am Rücken lange stachelähnliche Flossen und einen Flossensaum am Hinterkörper sowie einen kurzen, büschelähnlichen Schwanz. Die vordere Bauchflosse ist lang, die hintere kurz. Ganz typisch ist ein schwarzer, gelblich umrandeter Fleck in Körpermitte. Dort soll der Apostel Petrus den Fisch berührt haben; daher auch sein Name.

Der St. Petersfisch ist mit seinem festen, wohlschmeckenden Fleisch eine Delikatesse, die ihren Preis hat. Er kommt im Ostatlantik vor, im Mittelmeer, im Schwarzen Meer und an den Küsten Neuseelands, Australiens und Japans vor. Die Vorkommen sind gering, und der 30 bis 40 cm lange Fisch weist nur eine geringe Ausbeute auf (großer Kopf, relativ wenig Fleischanteil). Umso höher ist sein kulinarischer Wert.

Steinbutt

Ein Plattfisch, der aussieht wie eine dicke runde Scheibe. Statt Schuppen hat er knöchrige Höcker am Körper, die kleinen Steinchen ähneln (daher der Name). Der Steinbutt ist auch steinfarben, wobei die Farbe der Augenseite variiert, je nach Untergrund. Der Steinbutt kommt im Nordostatlantik vor, auch im Mittelmeer, vor Island sowie in der Nord- und Ostsee. Der Plattfisch wird bis zu 1 m lang und bis

zu 25 kg schwer. Er gilt als einer der begehrtesten Speisefische des Atlantiks, wobei seinen Artverwandten nahezu die gleiche kulinarische Qualität zukommt.

Thunfisch

Der Thunfisch ist mit den Makrelen und Boniten verwandt. Thunfische zählen zu den wichtigsten Speise- und Nutzfischen weltweit. Sie werden sowohl frisch, tiefgefroren und als Konserven verkauft. Nicht unbedeutend sind auch die Mengen, die als Pizzabelag, in Füllungen und anderen Convenience-Produkten verarbeitet werden. Thunfische sind Raubfische und kommen in bis zu 180 m Tiefe vor. Man findet sie im Pazifik, Ostatlantik und im Mittelmeer. Ihr Fleisch ist von ausgezeichnetem Geschmack und für etliche Zubereitungsarten geeignet.

Lachs

Zu den Lachsfischen zählen die Lachse, die Forellen, die Saiblinge und die Huchen. Die Lachse sind überwiegend Wanderfische, die die meiste Zeit im kaltem Meer verbringen. Zum Laichen allerdings wandern sie über große Entfernungen zurück zu ihren Geburtsstätten. Lachse sind hervorragende Speisefische, für die häufig Höchstpreise bezahlt werden. Der atlantische Wildlachs gilt als der begehrteste und beste aller Wildlachse. Er hat einen Fettanteil von etwa 14%, ein zartes, sehr schmackhaftes Fleisch und eignet sich für viele Zubereitungsarten.

Wolfsbarsch

(Loup de mer, Seebarsch)

Ein langgestreckter spindelförmiger Körper mit silbergrau glänzender Haut, die zur Bauchseite heller wird, mit einem schön geformten Kopf und großen Augen. Der Wolfsbarsch ist international einer der begehrtesten und hochpreisigen Speisefische und darf auf Speisekarten guter Restaurants nicht fehlen. Sein Fleisch ist weiß, fest und sehr wohlschmeckend. Er eignet sich für viele Rezepturen, vor allem zum Braten, Backen und Dünsten.

Fisch ist (herz)gesund!

Seitdem es gesicherte Forschungsergebnisse über die positiven Wirkungen der Omega-3-Fettsäuren gegen die wichtigsten Risikofaktoren von Herz-Kreislauf-Erkrankungen gibt, liest man immer wieder von der »Makrelen-Diät«, der »Fisch-Diät« oder der »Eskimo-Diät«. Wissenschaftler gingen der Tatsache auf den Grund, warum Eskimos trotz ihrer fettreichen Ernährung niedrige Cholesterinspiegel aufweisen und dementsprechend auch eine sehr geringe Herzinfarktrate haben. Sie fanden heraus, dass ganz bestimmte Fettsäuren in der fischbetonten Eskimo-Kost, nämlich die sogenannten Omega-3-Fettsäuren, eine Schutzwirkung ausüben gegenüber den schädlichen Fettablagerungen in den Blutgefäßen, den Gefäßverengungen und der

...dass etliche Menschen auf Fisch und Meeresfrüchte allergisch reagieren? Auslöser ist das Fischeiweiß. Eine Allergie dagegen kommt relativ häufig vor. Meerestiere gelten stärker allergen als Süßwassertiere. Die Allergie beim Einzelnen besteht in der Regel nur gegen eine Fischart und nah verwandte Arten. Durch Erhitzen wird die allergene Wirkung des Fischeiweißes nicht aufgehoben. Dabei reagieren Fischallergiker manchmal so empfindlich, dass bereits die Kochdämpfe zu schweren Asthmaanfällen führen können. Wenn eine Fischallergie festgestellt wird, muss der Betroffene bei Fertig- und Halbfertigprodukten mit Fisch, bei sämtlichen Fischerzeugnissen, bei denen die verwendeten Fischarten nicht eindeutig deklariert sind, sowie beim Fleisch von Schlachttieren, die mit Fischmehl gefüttert wurden, äußerste Vorsicht walten lassen.

verminderten Fließeigenschaft des Blutes. Diese Fettsäuren wirken demnach Bluthochdruck, erhöhtem Cholesterinspiegel und erhöhter Blutviskosität entgegen, den Faktoren, die für Herzinfarkt und Schlaganfall verantwortlich gemacht werden.

Reich an diesen wertvollen Fettsäuren sind fettreiche Kaltwasserfische wie Makrele, Lachs und Hering. Sie sollten fester Bestandteil des Speisezettel sein, Fleisch dagegen sollte reduziert werden. Aus dem Fett dieser Fische, insbesondere aus Makrelen, gewinnt die Pharmaindustrie heute die sogenannten Fischölkapseln mit den wertvollen Omega-3-Fettsäuren, die gezielt gegen Blutfettstörungen und vorbeugend gegen Herzinfarkt und Schlaganfall eingesetzt werden.

Öfter mal Seefisch auf den Tisch!

Für jeden ist der regelmäßige Verzehr von Seefisch empfehlenswert: Außer dem Infarktschutz, der von den Omega-3-Fettsäuren ausgeht, hat Seefisch noch einen weiteren, sehr wichtigen Pluspunkt für unsere Gesundheit. Er ist unsere beste Jodquelle – und allein schon deshalb ist Seefisch in unserer Ernährung unverzichtbar. Das Meer mit all seiner Nahrungsvielfalt ist unser größter Jodpool, die Binnengewässer dagegen und unsere Böden sind jodarm. Deutschland gilt als Jodmangelgebiet. Um die Versorgung zu optimieren, sollte man 1 – 2 mal wöchentlich eine Portion Seefisch (je 150 bis 200 g verzehrsfertig) essen. Besonders wichtig ist die regelmäßige Fischmahlzeit im Wachstumsalter und während der Schwangerschaft, denn in diesen Phasen ist der Jodbedarf besonders hoch. Fisch muss nicht immer als warme Mahlzeit auf den Tisch kommen. Fischsalate, herzhafter Räucherfisch, Fischbrötchen mit Hering oder Lachs bieten Abwechslung und für jeden Geschmack das Richtige.

Einkauf und Lagerung von Fisch

Grundsätzlich sollte man Fisch frisch einkaufen und frisch verwenden. Frischer Fisch ist aufgrund seines hohen Eiweißgehaltes, des empfindlichen Gewebes und der Eiweißstrukturen nicht lange lagerfähig und somit schnell verderblich. Auch der Fettgehalt spielt eine Rolle – es wird schnell ranzig. Fisch ist im Grunde ein ebenso empfindliches Lebensmittel wie frischer Salat, Kräuter und Pilze. Je frischer er verwendet wird, umso besser der Geschmack, umso reicher der Nährstoffgehalt und umso sicherer die hygienische Sicherheit sowie die Qualität. In jedem größeren Supermarkt gibt es einmal pro Woche frischen Fisch zu kaufen, außerdem sind die Fisch-Verkaufswagen der Nord- und Ostseeküste regelmäßig auch in den Städten sowie auf dem Land unterwegs. Ein Service, den man nutzen sollte!

Die beste Alternative zu frischer Ware ist tiefgefrorener Fisch (TK-Fisch). Er weist mehrere Vorteile auf: Er ist küchenfertig zubereitet (gesäubert, gehäutet, entgrätet, filetiert, portioniert, manchmal auch paniert und gewürzt, je nach Conveniencegrad) Die Filets sind einzeln zu entnehmen, relativ preisgünstig und das ganze Jahr über erhältlich; unabhängig von Fangsaison und Herkunft. Außerdem bezahlen Sie Nettoware ohne Abfall.

TK-Fisch muss nach dem Antauen oder Auftauen verwendet werden. Ein erneutes Einfrieren ist tabu. Reste eines kompletten Fischgerichtes, das durchgegart wurde kann man allerdings noch kurzfristig einfrieren und ein paar Tage später im Mikrowellenherd erhitzen. Bitte alle fertigen Fischgerichte ordentlich verpacken, eventuell in Folie einschweißen und mit Einfrierdatum und Fischart/Fischmenge beschriften. Überlagerte Ware sofort entsorgen, auch alles was tranig riecht!

Frischen Fisch erkennen

Man unterscheidet, ob es sich um ganze Fische handelt oder um Fischfilets. Die Frische von ganzen Fischen erkennt man am besten an den Augen. Das ist der zuverlässigste Frische-Indi-

kator. Sie müssen prall von Flüssigkeit gefüllt sein und klar. Auch der Geruch ist wichtig! Fisch soll nach Meerwasser oder neutral riechen. Fremdgerüche deuten auf Zersetzungsprozesse oder falsche Lagerung hin.

Frische Fischfilets sind fest, das Gewebe ist glänzend, leicht durchscheinend, aber weder wässrig noch schlaff in der Konsistenz. Sie haben eine leichte Blutfärbung. Bei Fingerdruck bleibt keine Druckstelle! Das Gewebe ist straff.

Tiefgefrorene Fische und TK-Fischfilets sind im aufgetauten Zustand nicht glänzend, eher matt mit rauer, trockener Oberfläche. Die Zellwände sind aufgrund des Gefrierens teilweise zerstört, sodass Flüssigkeit austritt. Das Gewebe ist im Gegensatz zu Frischfisch schlaff, oft etwas schlabbrig. Bei ganzen Fischen sind die Augen eingefallen, die Flossen können durch das Einfrieren und Auftauen abbrechen. Der Fisch hat keinen Eigengeruch, auch keine rote Blutfärbung im Gewebe, höchstens bräunliche Blutstellen, die vom geronnenen Blut herrühren. TK-Fisch sollte möglichst direkt aus der Packung verwendet werden und nicht vorher auf- oder antauen, da das Filet dann leicht auseinander fällt und beim zubereiten zu weich wird.

Fisch richtig lagern

Frischer Fisch, ob im Ganzen oder filetiert, muss gut gekühlt gelagert werden, am besten mit Folie bedeckt und darüber gestoßenes Eis verteilen und im Kühllager kurzfristig lagern.

Direkter Kontakt mit Eis führt zu Gefrierbrand und macht den Fisch für den Verzehr untauglich. Eis lässt in direktem Kontakt mit der Fischhaut die Gewebs- und Zellflüssigkeit gefrieren. Die Eiskristalle zerstören die Zellwände, Flüssigkeit und wertvolle Mineralstoffe treten aus, der Fisch wird trocken und verliert an Geschmack. Außerdem kann das untrügliche Zeichen für Frische, die Klarheit und die pralle Konsistenz der Augen, durch direkten Kontakt mit Eis zerstört werden. Es dürfen keine Eiskristalle an die Augen gelangen.

...im Supermarkt

In unseren Märkten wird Fisch oft auf Eis liegend angeboten. Da die Umgebungstemperatur hier über dem Gefrierpunkt liegt, kommt es nicht zum Gefrierbrand. Diese Präsentation ist nur für den Verkauf geeignet, der innerhalb kurzer Zeit stattfindet. Wichtig: das Eis muss täglich gewechselt werden und der Fisch vom austretenden Eiweiß gereinigt werden.

Wie bei allen kühlbedürftigen Produkten darf die Kühlkette bei Fisch nicht unterbrochen werden. Was in Eis gekühlt geliefert wird, muss sofort und übergangslos weitergekühlt werden (0,5 bis 1 °C). Achten Sie auf das Fang-

datum und halten Sie eine gleichbleibende Temperatur ein. Frische Fische schnell verbrauchen! Fettreiche Fische innerhalb drei, magere bis sechs Tage nach dem Fang.

Fische filetieren...

Filetieren von Rundfischen

Ausgangsware ist im Ganzen gekaufter frischer Fisch mit Kopf, Flossen, Schuppen und Eingeweiden.

Fisch ausnehmen • Kalt abspülen und trocken tupfen. Am Schwanz festhalten und Rücken- sowie Bauchflossen zum Kopf hin mit einer Schere abschneiden. Die Schuppen zum Kopf hin abschaben. Die Unterseite von der Afteröffnung zum Kopf hin vorsichtig aufschneiden, dabei die Eingeweide nicht verletzen. Das Stück vor dem Kopf mit einer Schere trennen und die Bauchseiten auseinanderziehen. Die helle Schwimmblase und die Eingeweide liegen frei. Lösen Sie sie an der Afteröffnung ab und ziehen Sie sie nach vorne heraus. Die schlauchartige rote Niere zuletzt herausschaben. Die Eingeweide vorne am Schlund mit einer Schere abschneiden, aufpassen, dass die Gallenblase nicht beschädigt wird. Die Kiemen am Ansatz abschneiden. Das Fischinnere gründlich kalt abspülen.

Mittelgräte entfernen • Den Kopf mit einem guten, stabilen und scharfen Messer direkt hinter der Kiemenöff-

nung von beiden Seiten bis zur Mittelgräte schräg einschneiden. Das Messer dann fest andrücken und die Mittelgräte durchtrennen – der Kopf ist entfernt. Nun mit einem dünnen, scharfen Messer den Rücken von vorne bis zum Schwanz neben der Rückenflosse einschneiden. Den Fisch auf die andere Seite legen und wieder entlang der Mittelgräte schneiden. Die Mittelgräte freilegen und herausnehmen. Nun hat man zwei Fischfilets, die noch küchenfertig gemacht werden müssen.

Filets fertig stellen (parieren) •
Die Bauchhöhlengräten entfernen, indem man mit einem Messer in der Mitte der Filets unter die Gräten fährt und diese zum Rand hin wegschneidet. Restliche Gräten lassen sich mit einer Pinzette gut auszupfen. Nun die Filets häuten. Etwas Fleisch am Ende des Filets abschneiden, sodass ein Stück Haut frei liegt. Das Hautstück festhalten, mit einem scharfen, dünnen Messer unter das Fischfilet fahren und es direkt über der Haut ganz flach zum Kopf hin führen. Abfälle wie Kopf, Haut, Abschnitte (keine Innereien!) eignen sich zum Kochen eines Fischfonds.

Filetieren von Plattfischen
Die Mittelgräte von Plattfischen wie Steinbutt, Flunder und Seezunge verläuft mitten durch den flachen Fisch. Der Flossensaum umgibt nahezu den gesamten Fisch, er wird zum Schluss entfernt. Kleine Fische werden vor dem Filetieren gehäutet, bei größeren

häutet man die ausgelösten Filets. Hier ist beschrieben, wie man einen Steinbutt filetiert.

Fisch vorbereiten • Den Plattfisch
mit der Blindseite auf die Arbeitsfläche legen und die Oberseite vom Kopf, direkt über den Augen beginnend entlang der Mittelgräte bis zum Schwanz hin einschneiden. Dabei das Fleisch bis zur Mittelgräte durchtrennen. Nun die Haut und das Fleisch entlang des Flossensaumes einschneiden.

Filets herauslösen • Die beiden Fi-
lets der Oberseite (Augenseite) vorsichtig herauslösen, indem das Messer unter dem Fleisch entlang der Gräten ganz flach geführt wird. Den Fisch umdrehen und genauso verfahren. Aus der Blindseite gewinnt man ebenfalls zwei Filets. Möglicherweise befindet sich auf der Bauchseite ein Rogensack, je nach Alter des Fisches und Fangzeitpunkt. Dieser lässt sich nach dem Auslösen der Filets leicht herausziehen.

Filets fertig stellen (parieren) •
Die Filets mit der Hautseite nach unten auf die Arbeitsfläche legen. Mit einem dünnen scharfen Messer am hinteren Ende zwischen Fleisch und Haut einschneiden, das freiliegende Hautstück festhalten und mit ganz flacher Messerführung die Haut vom Fleisch trennen. Den Flossenrand wegschneiden und bräunliches Gewebe entfernen. Die Filetfilets kalt abspülen und trocken tupfen.

Kleine Meeresfrüchtekunde

Das kleine who is who…
Unter Meeresfrüchte versteht man die Meeresbewohner, die nicht zu den Speisefischen zählen aber essbar sind. Sie werden küchentechnisch meist in *Krustentiere* (Krebse, Krabben, Hummer), *Schaltiere* (Austern, Venusmuscheln, Miesmuschel, Jakobsmuscheln, Schnecken) und *Kopffüssler* (Tintenfisch, Kalmar, Krake) eingeteilt, diese Kategorisierung entspricht nicht ganz der zoologischen. Die nämlich ordnet die Tiere in den Stamm der Gliederfüßler (dazu zählen neben Hummer, Krebs, Krabben auch Spinnentiere, Skorpione und bestimmte Insekten) und der Weichtiere ein (Muscheln, Schnecken, Kopffüssler).
Die kulinarischen Bezeichnungen sind recht unterschiedlich und führen beim Gast nicht selten zu Verwirrung, weil auf Speisekarten oft französische, italienische oder spanische Namen nebeneinander zu finden sind. Sind Shrimps dasselbe wie Crevetten? Und was bitte sind dann Scampi? Languste oder Langoustine? Der Führer durch die Meeresfrüchte schafft Klarheit.

Krustentiere
Crevetten *(frz.), Krabben, Garnelen, Shrimps (engl.), Prawn (engl.)*
Die Bezeichnungen sind verwirrend, meinen aber alle dasselbe, nämlich Garnelen. Diese Tiere gehören wie

Krebse und Hummer zu den Krustentieren. Sie haben ein externes Skelett, mit harten Gliedmaßen und festem Panzer. Während des Wachstums erneuert sich der Panzer in regelmäßigen Abständen. Ein ausgewachsenes Krustentier hat einen festen Panzer. Das Fleisch von kleinen, nicht ausgewachsenen Krustentieren schmeckt nur mäßig. Nordseegarnelen werden bis zu 9 cm lang, Shrimps sind bis zu 13 cm lang, Riesengarnelen bis zu 20 cm. Garnelen sind die beliebtesten Meeresfrüchte. Wir kennen zwei Gattungen, nämlich die *Garnele* und die *Shrimps (Nordseegarnele, Nordseekrabbe, Grönlandkrabbe)*. Der Unterschied besteht im Grunde nur im Lebensraum und in der Größe. Krabben bzw. Garnelen bekommen Sie das ganze Jahr. Shrimps werden frisch auf Eis gelegt, Krabben meist noch auf hoher See kurz gekocht, es gibt sie aber auch roh (tot, aber nicht erhitzt), mit oder ohne Panzer. Garnelen sollten am Kauftag zubereitet werden, die Panzer erst kurz vor dem Servieren entfernen. *Garnelen* und *Shrimps* gibt es fix und fertig ausgelöst auch als TK-Ware.

Hummer

Wir unterscheiden europäische und amerikanische Hummer, die ähnlich aussehen. Amerikanischer ist größer, sein Panzer sehr kräftig-dick grau, rotbraun bis braun. Der europäische ist eher blau-schwarz mit weißen Punkten. Typisch sind die kräftigen Scheren, die ihn von Langusten unterscheiden. Hummer wird das ganze Jahr über gefangen, sein Fleisch ist in den Sommermonaten am besten, ebenso sind junge besser als ausgewachsene. Der

Hummer stößt während des Wachstums regelmäßig den Panzer ab, in der Wechselphase wird das Fleisch wässrig, da das Tier viel Wasser speichert, um den nachwachsenden Panzer auszufüllen. In dieser Zeit wird Hummer nicht gefangen. Es gibt ihn lebend oder gekocht zu kaufen, einen toten rohen Hummer sollte man nur kaufen, wenn er kurz vor dem Kauf geschlachtet wurde, er verdirbt rasch. Er wird am besten durch Erhitzen getötet – geben Sie das lebende Tier in kochendes Wasser, es ist sofort tot, da das Nervenzentrum zerstört wird. Er wird rot bis lachsfarben. Sein Fleisch bekommt man auch tiefgefroren zu kaufen.

Kaisergranat, Langoustine
(frz.), Scampo (ital., Mehrzahl: Scampi)

Der Kaisergranat wird in England als Norway Lobster, in Frankreich als Langoustine und in Italien als Scampo bezeichnet. Er wird vorallem im Nordatlantik gefangen und lebend oder gekocht verkauft. Bei uns erhält man meist nur Schwänze – den verzehrbaren Teil des Tieres – frisch, roh oder tiefgefroren. Wenn Sie einen lebenden Kaisergranat kaufen, sollte er gleichmäßig rötlich-orange gefärbt sein, keine dunklen Flecken aufweisen und intakte Gliedmaßen haben. Der Körper muß straff sein und nach Meer riechen.

Krebs / Taschenkrebs

Krebse gehören zu den Krustentieren, die wiederum zu dem Stamm der Gliederfüßler. Sie schmecken im Sommer

am besten, man bekommt sie aber das ganze Jahr über. Sie werden lebend oder gekocht verkauft. Krebse haben einen harten Panzer, den sie während des Wachstums immer wieder abwerfen. Sie werden bis 20 cm groß und kommen in allen europäischen Meere vor, sein Fleisch gilt als Delikatesse.

Languste

Sie unterscheidet sich vom Hummer im Grund nur durch die fehlenden Scheren, die Zubereitung und Verwendung in der Küche ist die gleiche. Langusten können statt Hummer verwendet werden, das Fleisch ist um so zarter, je kleiner sie sind. Sie werden bis zu 50 cm lang. Langusten werden in den Gewässern um England und im Mittelmeerraum gefangen, wo sie aber immer seltener werden. Ihr Preis ist daher entsprechend hoch. Es gibt rötlich-braune Tiere, der Panzer kann aber auch oliv-grünlich, kastanienbraun oder orange, gelblich oder pink sein. Langusten werden lebend angeboten, aber auch roh (getötet) und gekocht.

Schaltiere

Vorab etwas Zoologie: Schaltieren sind wirbellose Tiere, die von einer harten Schale umgeben sind. Man unterscheidet die einschaligen (Schnecken) und die zweischalig aufklappbaren Spezies wie Austern und Muscheln. Die meisten Schaltiere leben in flachen Gewässern, an Flussmündungen wie auch in Küstennähe. Sie nehmen mit der Nahrung Sand auf, deshalb gibt man sie vor

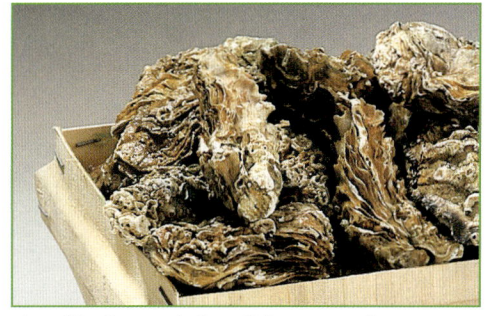

dem Kochen in kaltes Salzwasser, dem man etwas Mehl beigibt. Sie nehmen das Mehl auf und scheiden Schmutz und Exkremente aus. Die Schalen müssen gründlich gebürstet werden.

Austern

Austern werden roh verkauft, meist dutzendweise und roh gegessen, direkt aus der Schale samt Flüssigkeit – man träufelt etwas Zitronensaft darauf und schlürft alles aus. Die Austernschalen müssen fest geschlossen sein. Sind die Schalen geöffnet, muss man fest darauf klopfen. Wenn sich die Schalen schließen, lebt die Auster und kann verzehrt werden.

Jakobsmuschel

Diese begehrte Muschel kauft man am besten in den kältesten Wintermonaten. Es gibt mehrere Sorten, die verschieden groß und schwer sind. Typisch für alle ist ihre Form. Im Gegensatz zu Mies- und Venusmuscheln bewegen sich Jakobsmuscheln fort, indem sie die Schalen öffnen und schließen und so einen Antrieb erzeugen. Die Muschelschale ist schön geformt und ist zum Markenzeichen einer großen Tankstellenkette geworden. Die meisten Jakobsmuscheln sind Zwitter. Sie enthalten den orangefarbenen Rogensack sowie die weißlichen Hoden. Die Schale wird gerne als Serviergefäß für Vorspeisen benutzt. Die beliebten *»Coquilles Saint Jacques«* werden in der Schale gebacken. Zu den essbaren Teilen zählen nur der weiße Muskel und der Ro-

gensack. Andere Teile werden entfernt. In Fachgeschäften bekommen Sie die Jakobsmuschel bereits fertig geputzt und vorbereitet in der halben Schale oder lebend in geschlossenen Schalen. Frische rohe Muscheln waschen und abschrubben, eine Stunde in einen Eimer Salzwasser legen, damit sie sich selbst reinigen, und innerhalb von 24 Stunden verzehren. TK-Ware langsam auftauen lassen, dann zubereiten.

Miesmuschel

In den Monaten mit »R« soll man Miesmuscheln kaufen, dann ist die »Auster des kleinen Mannes« am besten. Die Miesmuschel ist recht preiswert, aber dennoch eine Delikatesse! Sie werden vor allem in Frankreich, Spanien, den Niederlanden und entlang der amerikanischen Atlantikküste gezüchtet. Verkauft werden sie lebend in der Schale, frisch und ausgelöst, roh und gekocht, es gibt sie aber auch tiefgefroren, mit und ohne Schale; konserviert in Gläsern und Dosen. Schwarz oder blauschwarz ist die Schale, dünn und halbmondförmig. Das Muschelfleisch hellgelb bis leicht orangefarben. Miesmuscheln haften in Trauben dicht an dicht an Küstenfelsen, werden aber heute meist in Muschelfarmen gezüchtet. Lange Taue im Wasser dienen ihnen zum Anhaften. Vor dort kann man sie bequem »ernten«. Sie leben grundsätzlich in sauberen Gewässern, müssen aber trotzdem gründlich gewaschen werden. Frische lebende Miesmuscheln sind geschlossen. Eine auf-

klaffende Schale deutet darauf hin, dass die Muschel tot ist. Bitte unbedingt wegwerfen. Auch Muscheln, die sich nach dem Erhitzen nicht öffnen, sind ungenießbar und müssen aussortiert werden (Vergiftungsgefahr!). Gekochte Miesmuscheln isst man mit den Händen. Man nimmt dabei eine Muschelschale als Esswerkzeug zu Hilfe.

Venusmuschel

Bei Venusmuscheln unterscheidet man mehreren Sorten: die *Klaffmuschel*, die *raue Venusmuschel*, die *braune Venusmuschel*, die *Sägezahnmuschel*, die *Quahog-Muschel* und die *Teppichmuschel*. Im Mittelmeerraum kommt die *raue Venusmuschel* mit ihrer markant gerippten bräunlichen Schale vor. Auch ihre Verwandte, die *braune Venusmuschel* ist dort zuhause, beide sind besonders beliebt. *Venusmuscheln* kann man roh und gekocht essen. Sie brauchen nur eine kurze Kochzeit. Für den Rohverzehr müssen sie absolut frisch sein. Sie werden lebend in den Schalen verkauft und müssen innerhalb von 24 Stunden verzehrt werden. Im Herbst schmecken sie am besten.

Weichtiere
Kalmar

Der Kalmar gehört zusammen mit dem Tintenfisch und der Krake zu den Kopffüsslern, die wiederum den Schaltieren zugerechnet werden. Alle gehören in den Stamm der Weichtiere. Die Tiere sehen aus wie längliche Beutel mit durchscheinender Haut, an denen

 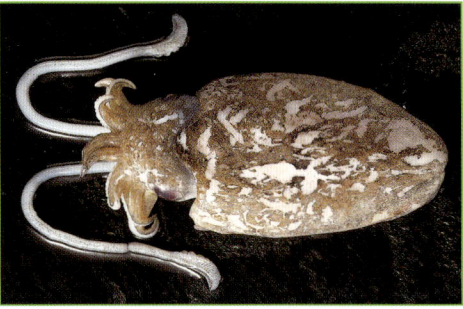

vorne ein Kopf mit Augen und Fangarmen (Tentakeln) sitzt. Hinten befinden sich zwei Schwimmflossen. Der Kalmar hat zehn Fangarme, einen papageienartigen Schnabel, innen liegt ein leichter, federförmiger Knochen, der fast transparent ist. Der Kalmar wird höchstens 50 cm lang und ist damit viel kleiner als der Tintenfisch Zum Schutz vor Feinden haben Kopffüssler einen Tintensack mit brauner oder schwarzer Flüssigkeit. Bei Gefahr wird die Tinte ausgestoßen und bildet eine Wolke, in der der Kopffüssler verschwindet. Außerdem haben sie ein Pigmentsystem in der Haut, mit dem sie sich tarnen können. Der Kalmar kommt im Mittelmeer und im Atlantik vor, sein Fleisch ist fest. Zur Verwendung kommen die Fangarme und der Körperbeutel samt Flossen. Der Tintensack kann mitgekocht werden, muss aber unverletzt sein.

Octopus / Pulpo (Krake)

Der Octopus bzw. die Krake hat einen relativ großen Kopf mit vorstehenden Augen und acht lange Fangarme, die mit Saugnäpfen ausgestattet sind. Der Körper ist nur wenig größer als das Kopfteil. Kraken können bis zu drei Meter lang werden. Sie halten sich im Sommer in Küstennähe auf und werden mit Netzen und Fallen gefangen. Achten Sie beim Kauf darauf, dass das Fleisch fest und elastisch ist, es muss frisch nach Meer riechen. Das Fleisch von größeren Tieren ist oftmals etwas zäh, es muss weichgeklopft werden.

Tintenfisch (Sepia)

Der Tintenfisch kommt im östlichen Atlantik, im Mittelmeer und an der englischen Südküste vor. Er ist kleiner als der Kalmar oder die Krake, oval und wird nur 2,5 bis 25 cm groß, wobei die kleinsten Tintenfische die besten sind, sie sind besonders zart. Tintenfische haben acht kurze und zwei längere Fangarme, der ganze Körper ist unterschiedlich pigmentiert. Im Körper befindet sich ein Knochen, der entfernt werden muss. Tintenfische werden im Ganzen verkauft, der Körper sollte unverletzt und sauber sein, keine dunklen Stellen aufweisen und frisch nach Meer riechen. Kleine Tintenfische werden im Ganzen gebraten, von größeren wird meist nur der Körper verwendet.

Meeresfrüchte verarbeiten…

Hummer ausbrechen

Roher Hummer • Lebende Hummer werden gewaschen, dann getötet, indem man sie kurz in sprudelnd kochendes Salzwasser gibt. Der Hummer ist sofort tot. Brechen Sie die Scheren mit den Gliedern ab und drehen Sie den Schwanz aus dem Kopfbruststück. Das Kopfbruststück entlang der Nackenfurche halbieren, dabei wird auch der Magen durchtrennt – aus beiden Hälften entfernen. Den Schwanz in fünf dicke Scheiben schneiden. Die Scheren werden erst nach der Zubereitung geöffnet. Die Glieder lässt man zur bes-

seren Handhabung zunächst dran. Die Schere festhalten, das Glied mit einem Schlag der Länge nach öffnen und abtrennen. Den beweglichen Teil der Schere nach vorne abbrechen und zugleich den im Scherenfleisch befindliche dünnen Knorpelstrang herausziehen. Mit dem Messer die Schere brechen, das Hummerfleisch entnehmen.

Gekochter Hummer • 500–600 g schwere Hummer in kochendem Wasser töten. Den Topf zurückziehen und den Hummer etwa 5 Minuten ziehen lassen. Sofort in Eiswassrer abschrecken. Die Scheren abbrechen und zwei bis drei Minuten nachkochen. Dann zerlegen:
Die Scheren sind bereits gelöst, nun öffnen. Den Hummer dann der Länge nach durchschneiden, wobei der gekrümmte Hummerschwanz ausgestreckt auf der Arbeitsfläche liegt. Im hinteren Drittel der Nackenfurche des Kopfbruststückes einstechen und mit kräftigem und schnellem Druck den Schwanz, halbieren. Den Hummer drehen und mit einem zweiten Schnitt das Vorderteil ebenfalls der Länge nach halbieren. Den durchtrennten Magen und Darm im Schwanz entfernen. So kann das Hummerfleisch herausgelöst werden.

Ausbrechen von Langusten

Lebende Langusten werden behandelt wie Hummer. Die zweite Version, sie zu garen, geht vom Zusatz ins kalte Wasser aus, das langsam zum Kochen gebracht wird. Uns erscheint dies für das Tier sehr qualvoll zu sein, das Tier wird besser in kochendes Wasser gegeben und rasch getötet.

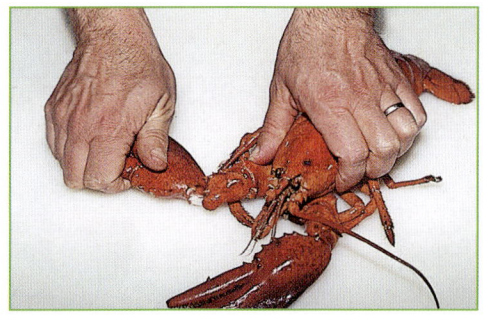  

Nach dem Garen die Scheren und Beine abbrechen. Die Scheren mit einer Hummerzange knacken, das Fleisch auslösen. Den Kopf vom Körper abdrehen und die dünne Unterseite des Schwanzpanzers mit der Schere wegschneiden, das Fleisch herausziehen. Die Rückseite etwas einschneiden, den Darm entfernen und vorhandenen Rogen für Hummerbutter oder Sauce aufheben. Das harte Kopfteil abheben und das Fleisch auslösen. Die harte Kopfpartie aufbrechen und ebenfalls das Fleisch auslösen. Magen und Kiemen wegwerfen.

Wenn Sie halbierte Langusten servieren wollen, dann die gekochten Langusten auf ein Brett legen, mit einem guten Messer den Panzer von der Mitte zum Schwanzende hin aufschneiden, dann zum Kopf hin aufschneiden. Das Fleisch durchtrennen. Die Langustenhälften waschen und Magen sowie Darm entfernen. Dann die Langustenhälften erwärmen und servieren.

Kaisergranat ausbrechen

(frz. langoustine, ital. scampo)

Lebende Kaisergranate sind äußerst selten zu haben. Man kann ihn roh ausbrechen und kurzgaren, braten, oder halbieren und in der Schale braten Zuerst den Kopf abdrehen, den Schwanzpanzer abziehen und den Körperpanzer entfernen. Am Rücken einschneiden und den dunklen Darm entfernen.

Jakobsmuscheln ausbrechen

Die Muschel mit der flachen Seite nach oben in einem Tuch festhalten. Mit einem kleinen spitzen Messer die Öffnung zwischen den Schalenhälften einstechen und vorsichtig an der oberen Schale entlangfahren, um den Muskel zu durchtrennen. Die Schalen auseinander drücken und das Muschelfleisch freilegen. Dafür mit dem Messer unter den grauen Rand um das Muskelfleisch fahren und das Fleisch auslösen. Den Rogensack vom Muskelfleisch trennen, den Mantel und die Organe wegwerfen. Muskelfleisch und Rogensack kalt abspülen. Die Schale säubern, wenn sie zum Servieren verwendet werden soll.

Kochen von Vongolé

Venusmuscheln und Miesmuscheln

Muscheln mit viel Wasser und Salz für etwa drei bis vier Stunden einlegen, damit sie entsanden. Das Wasser wechseln und dabei beschädigte Muscheln aussortieren.

Venusmuscheln wie beschrieben waschen und die Schale abbürsten, offene Muscheln aussortieren. Muscheln die *nach* dem Kochen noch geschlossen sind ebenfalls aussortieren.

Miesmuscheln gründlich abbürsten, den »Bart« (Haftfäden) herausziehen, dann die Muscheln wie oben beschrieben säubern, offene Muscheln dabei aussortieren. Nach dem Kochen noc immer geschlossene Muscheln sind verdorben, bitte wegwerfen.

Kochen von Sepia (Tintenfisch), Pulpo (Octopus), Kalmar

Den **Tintenfisch** mit der Knochenseite nach unten auf ein Brett legen, den Körperbeutel mit einem scharfen Messer aufschneiden, aufklappen und den Knochen samt Innereien herauslösen. Den intakten Tintensack können Sie zum Kochen verwenden. Den Körper halbieren und enthäuten. Den Schnabel wegschneiden und die Fangarme nach Belieben verwenden.

Große Tintenfische werden lange gekocht, bis das Fleisch weich ist, kleine im Ganzen grillen oder braten. Man kann den Körper auch in Ringe oder Streifen schneiden oder zum Füllen ganz lassen. Die Fangarme hacken.

Ähnlich wird der **Kalmar** vorbereitet: Gut abspülen und trocken tupfen. Den Kopf knapp hinter den Augen fassen und vom Körper wegziehen. Die weichen Innereien mit Tintensack, möglichst unbeschädigt, werden damit herausgelöst. Innereien wegwerfen, Tintensack – falls benötigt – beiseite legen. Den Rand des Körpers etwas zurückschieben und den Knochen ertasten – diesen entfernen. Den Kopf unterhalb der Augen von den Tentakeln abschneiden und wegwerfen. Den ringförmigen Knorpel am Ansatz der Tentakeln wegschneiden. Die Fangarme hängen zusammen, in der Mitte liegt die schnabelähnliche Mundöffnung mit dem Kauapparat. Drücken Sie sie mit den Fingern heraus. Mit den Fingern unter die Haut fahren und die Haut abziehen. Den Kalmar kalt abspülen.

Bouillabaisse nach Rolf Straubinger

alle Bildfolgen: spaltenweise von oben nach unten

In der Bezeichnung Bouillabaisse stecken zwei französische Begriffe, nämlich:
bouillir = kochen
baisser = bis zum Grund
(sinngemäß übersetzt)

Alle Zutaten auf einen Blick

Geschlagene Langustinenscheren in Olivenöl anbraten.

Geschnittenes Gemüse und Knoblauch hinzugeben und mitbraten. Wichtig, da es dadurch mehr Farbe und Geschmack bekommt.

Tomatenmark einrühren – nicht rösten.

Gewürze zugeben – kurz durchrühren. Vorsicht Verbrennungsgefahr!

Muscheln, Tomaten und Petersilienstengel hinzugeben.

Mit Noilly Prat und Pernod ablöschen.

Den Weißwein hinzugeben.

Fischfond und Wasser auffüllen.

Gut gewässerte Fischkarkassen hinzugeben. Das ganze etwa eine Stunde kochen lassen.

Mit dem *ESGE-Zauberstab* zerkleinern anschließend passieren und reduzieren.

Sushi

Ein Grundrezept und weitere Anleitung zum Thema Sushi finden Sie auch im »special« *Sushi,* auf Seite 82.

Alle Zutaten auf einen Blick.

Noriblätter mit Reis belegen.

Den gedämpften Sushireis mit Essig-Zuckermarinade abschmecken. Wichtig: der Reis sollte handwarm bleiben.

Den Reis leicht andrücken und an den Rändern jeweils einen Zentimeter Platz lassen.

Halbierte Noriblätter auf die Bambusmatte legen.

 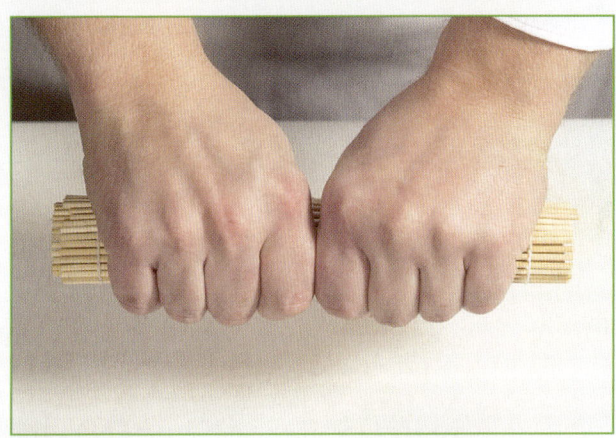

Die rohen Thunfischstreifen auflegen.

Auf den Thunfischstreifen den Wasabi streichen.

Den Wasabi gleichmäßig verstreichen.

(Bezugsquelle für Wasabi Seite 156)

Mit Hilfe der Bambusmatte alles zügig einrollen.

Die entstandene Rolle zusammen drücken.

Aus der Bambusmatte ausrollen, schneiden und servieren.

Tipp aus der Küche:

Der Reis sollte während der ganzen Zeit handwarm sein.
Unter das Noriblatt eine Klarsichtfolie legen, dann bleibt die
Bambusmatte sauber.

Seezungenroulade

Angefrorene Fischstückchen mit Vollei und Salz anmixen.

Sahne zugeben, schnell und zügig mixen.

Die homogene Farce im *Thermomix* an den Rändern zu-
sammenstreichen.

Die Farce durch ein Sieb streichen um Gräten und Sehnen
zu entfernen.

Die Farce anschließend immer gut gekühlt halten.

Tipp aus der Küche:

Einfärben der Fischfarce – fertige Fischfarce kann unterschiedlich eingefärbt werden. Etwa durch reduzierten Hummerfond, Safran oder auch durch eine »Kräutermatte«.
Dazu Petersilie, Schnittlauch, sowie Kräuter nach saisonalem Angebot mit Wasser mixen. Den Saft abpassieren und
aufkochen. Das Blattgrün setzt sich oben als Schaum ab und
hat den vollen Geschmack und die volle Farbe.

In einer Vakuumiertüte oder einem Gefrierbeutel das Seezungenfilet plattieren.

Angeschnittene Morcheln mit grün eingefärbter Fischfarce füllen. Morcheln kurz dünsten. Anstelle der Kräutermatte kann man auch viel frische Kräuter verwenden.

Das Seezungenfilet mit der Farce sehr dünn bestreichen.

Hauchdünne und blanchierte Karottenstreifen auflegen.

Farce erneut dünn auftragen.

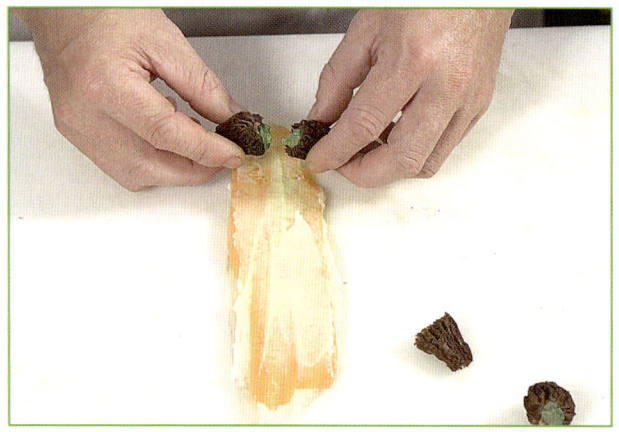 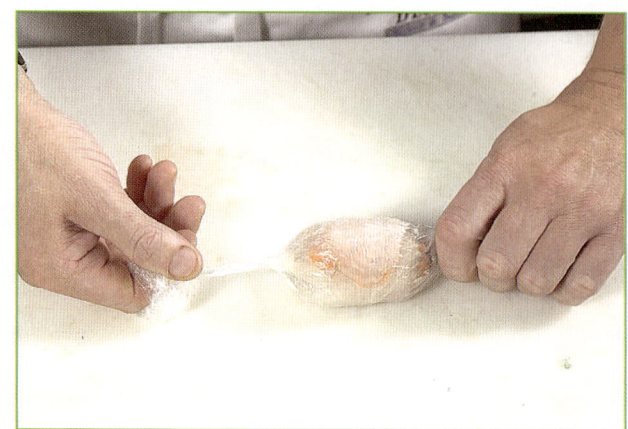

 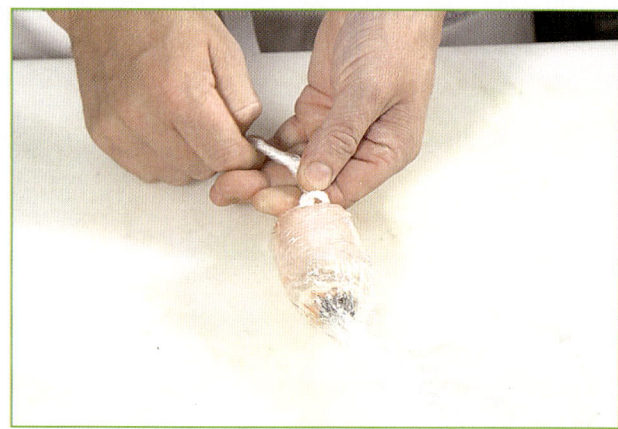

Gefüllte und gegarte Morcheln auflegen.

Die Seezungenroulade vorsichtig zusammenrollen.

Anschließend die Roulade in Klarsichtfolie fest einwickeln.

Die überstehenden Enden der Klarsichtfolie »verzwirbeln« und einen Knoten binden.

Die Roulade leicht in das bereits gebundene Ende pressen und auch hier die Folie verknoten – es sollte keine Luft in der Rolle eingeschlossen sein.

Das Seezungenfilet bei 75 °C im Heißluftofen garen, Kerntemperatur 45 °C.
Je nach Stärke etwa 25 Minuten.

Danach kurz ruhen lassen. Die Folie
entfernen und halbieren. Dann schnell
servieren.

Tipp aus der Küche:
Die Seezungenrouladen können auch
im Dämpfer gegart werden.

Kabeljau in Pergament

Kabeljau mit Pesto, Zitrone und Meersalz marinieren.

Den weißen und den grünen Spargel der Länge nach dünn schneiden…

… und mit Salz würzen.

Den Kabeljau auf die halbierten Spargel auflegen und mit Olivenöl und Spargelfond beträufeln.

Den Fisch mit Frühlingskräutern nach Geschmack und saisonalem Angebot belegen.

Tipp aus der Küche:

Das Pesto ist die klassische italienische Kräutersoße aus Basilikum, Knoblauch, Meersalz, Olivenöl und Peccorino bzw. Parmesankäse.

Den Spargel mit dem aufgelegten Fisch und den Kräutern auf einem großen Bogen Pergamentpapier mittig auflegen.

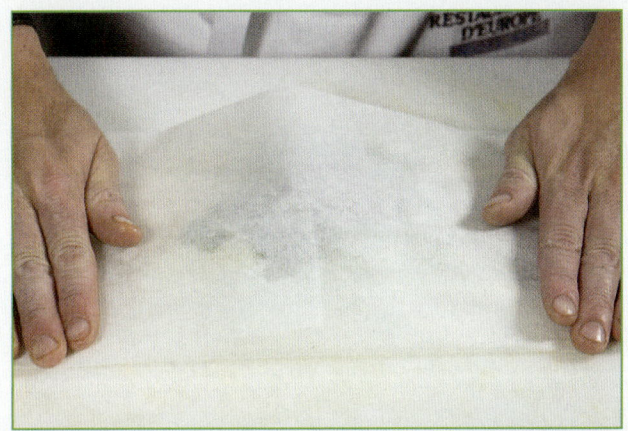

Den Pergamentbogen von beiden Seiten einschlagen und die beiden seitlichen Enden zusammenraffen – das Paket sieht aus wie ein überdimensionales Bonbon.

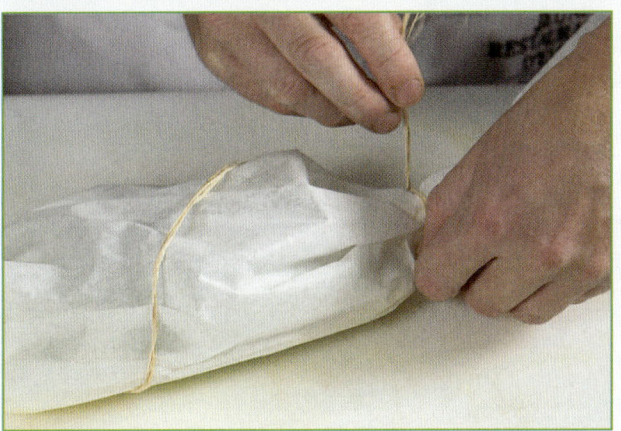

Ein Ende mit Bastschnur verschnüren, den Bast dann locker um das Paket legen und am anderen Ende ebenfalls verschnüren.

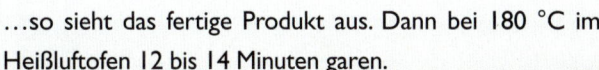

...so sieht das fertige Produkt aus. Dann bei 180 °C im Heißluftofen 12 bis 14 Minuten garen.

Falsche Mozartkugeln

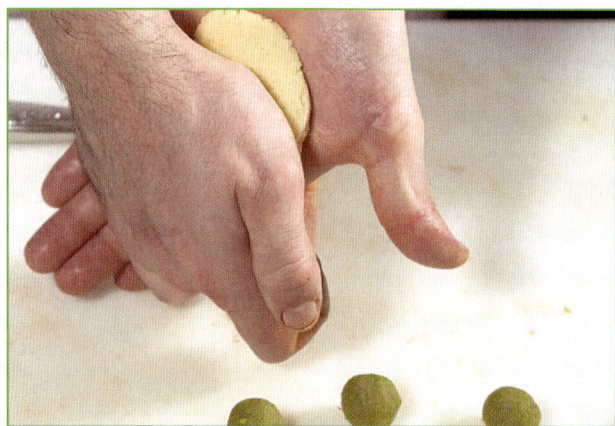

Grieß nach Packungsrezept kochen und anschließend erkalten lassen.

Mit einem Eisportionierer acht Kugeln aus der abgekühlten Grießmasse entnehmen.

Die Marzipan-Pistazienmasse zu einer Rolle formen und in acht Stücke teilen, daraus Kugeln formen.

Vom Nougat acht kleine Würfel machen und für eine Stunde in den Gefrierschrank geben.

Die gefrorenen Nougatstückchen mit Marzipan umhüllen und das ganze wieder zu kleinen Kugeln formen.

Die Grießmasse gut durchkneten und anschließend die Marzipankugeln mit dem Grieß umhüllen (d.h. gefüllte Kugel in der Kugel).

Wichtig: Die Kugeln gut und fest verschließen, damit sie beim frittieren nicht auslaufen.

In heißes Fett (170 °C) geben bis die Kugeln Farbe bekommen haben.

Mit einer Schaumkelle aus dem Frittierfett nehmen.

Dann auf einem Papiertuch abtropfen lassen.

Auberginenmousseline

Die Auberginenhälften halbieren und die Schittfläche kreuzweise einschneiden.

Mit Kräutern, Knoblauch und Salz würzen.

Anschließend mit gutem Olivenöl marinieren.

In Alufolie einwickeln und in den Backofen geben. Die Backzeit beträgt etwa eine gute Stunde.

Die gegarte Auberginen mit einem Löffel ausschaben. Man benötigt für dieses Rezept nur das Fruchtfleisch.

Tipp aus der Küche:

Das Auberginenfleisch muß sehr
weich sein.

Das gegarte Auberginenfleisch mit dem Messer grob zerhacken.

Von gegrilltem Paprika die Haut abziehen. Das Paprikafleisch ebenfalls zerkleinern und zu dem Auberginenfleisch dazu geben.

Mit Zitrone, Olivenöl, Meeressalz und frischem Pfeffer aus der Pfeffermühle abschmecken.

Tipp aus der Küche:

Tomatenwürfel und Korianderkraut passen ebenfalls sehr gut zum Auberginenpüree.

Langustine in Kartoffelspaghetti

Die Langustinen ausbrechen. Das Kopfsegment und die Scheren für Soßen oder Fond aufbewahren.

Den Schwanz mit der Hand kurz andrücken…

anschließend läßt sich die Schale leicht vom Schwanz lösen.

Kartoffeln mit einem *Slicer* in dünne Fäden drehen. (Bezugsquelle für *Slicer* Seite 156)

Die Langustinenschwänze mit angerührtem Tempurateig einstreichen. (Bezugsquelle für Tempura Seite 156)

Die Kartoffelfäden gut ausdrücken, locker auslegen und anschließend die Langustinenschwänze einrollen.

 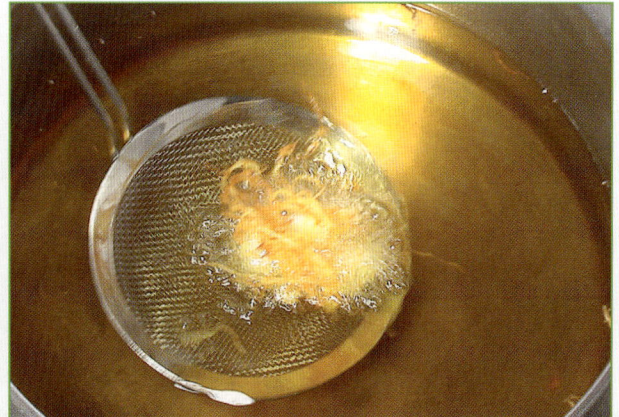

Die eingewickelten Langustinenschwänze per Schaumkelle ins Fettbad oder die Friteuse geben.

Im Fett bei etwa 170 °C knusprig ausbacken.

Wenn die Kartoffelfäden Farbe angenommen haben, sofort herausnehmen – das geht recht schnell.

Auf einem Küchentuch abtropfen lassen, mit Meersalz würzen und sofort servieren.

Tipp aus der Küche:

Die Langustine muss innen glasig und saftig bleiben.
Diese Zubereitungsart kann man auch mit dünnen Fleischstreifen probieren.

Seeteufel / Muscheln

Alle Zutaten auf einen Blick

Die Muscheln putzen und aussortieren. Beschädigte Muscheln oder bereits geöffnete sind verdorben – diese aussortieren und wegschmeißen!

Gemüsestreifen mit Knoblauch und Thymian in Olivenöl anschwitzen, etwas Safran hineingeben.

Curry und Paprika einstreuen, kurz mit anschwitzen.

Dann die Muscheln dazu geben.

Das Gemüse und die Muscheln kurz durchrühren.

Das ganze mit dem Weißwein ablöschen.

Dann sofort den Deckel auf den Topf. Der Dampf läßt die Muscheln schneller aufspringen.

Tipp aus der Küche:
Einen möglichst großen Topf mit passendem Deckel verwenden, damit der Wein sofort verdampft. Die Muscheln garen darin auch schneller.

Variationen vom Elstar Apfel

daraus »Gefüllte Schokoladenkegel«

Einen Bogen Pergamentpapier wie gezeigt zuschneiden.

Kuvertüre im Wasserbad flüssig machen und den vorbereiteten Pergamentbogen auslegen.

Die flüssige Kuvertüre mit Hilfe einer Winkelpalette hauchdünn aufstreichen – eine Ecke dabei aussparen.

Die lange Seite des Papiers liegt unten, die ausgesparte Ecke links. Die rechte Ecke zur oberen Spitze hin einschlagen. Die lange Seite wird dabei ungefähr halbiert, dort bildet sich die Spitze.

Die ausgesparte Ecke fassen nach oben schlagen und um die Spizte wickeln.

 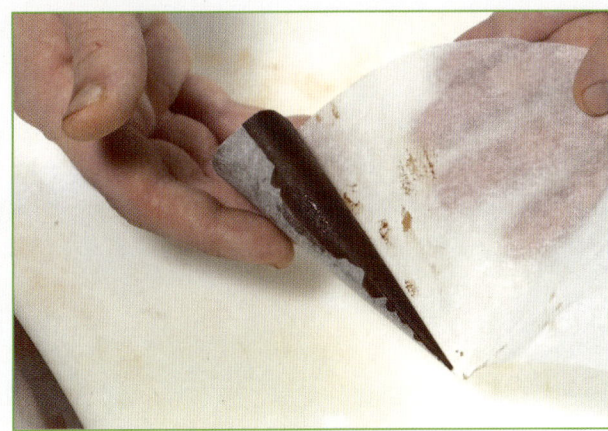

Das Pergamentpapier außen ganz herum wickeln.

Das Papier leicht andrücken, damit die Kuvertüre gut anhaftet.

Das freie Ende leicht nach oben ziehen, wie im Bild gezeigt, dadurch entsteht eine schöne Spitze. Aber darauf achten daß keine »Falten« entstehen.

Das gerollte Papier in ein Glas oder einen anderen Hohlkörper stellen und im Kühlfach auskühlen lassen. Dann das Parfaitmousse einfüllen und einen Tag gefrieren.

Zum servieren aus dem Gefrierfach nehmen und gleich die Kegel oben glatt schneiden.

Kegel aus dem Papier wickeln und das Parfait etwa fünf Minuten erwärmen lassen – es soll nicht tiefgefroren serviert werden.

Schokoladensoufflé

Eine Ringform mit 8 Zentimeter Durchmesser bereitstellen. Dann auslegen der Ringform mit gebuttertem Pergamentpapier.

Das Papier soll drei Zentimeter überstehen. Die Form mit Mehl bestäuben und auf einen Pergamentbogen stellen.

Die Schokoladenmasse in einen Dressierbeutel einfüllen…

und anschließend in die Ringform geben. Die Form nur zur Hälfte füllen.

Den vorbereiteten Soufflékern mit einem kleineren Duchmesser und die Mitte der Schokoladenmasse setzen…

und leicht eindrücken, dabei nicht bis zum Boden drücken.

Die restliche Schokoladenmasse daraufgeben und das Soufflé verschließen.

Das Soufflé im Heißluftofen bei 180 °C für etwa zehn Minuten backen.

Das Soufflé vorsichtig entnehmen…

auf ein Glas aufsetzten und damit die Ringform nach unten entfernen.

Das Soufflé sofort anrichten.

Beim anstechen des Desserts läuft der flüssige Kern aus dem Soufflé.

Damals und heute…

Dass die Burg Staufeneck heute ein gastronomisches Kleinod ist, daran haben sehr viele Hände gearbeitet. Zu allererst die großen Familien Straubinger und Schurr.

Anfangs der 20er Jahre des vergangenen Jahrhunderts wurde der erste Kiosk für Ausflügler und Wanderer auf der Burg eingerichtet. Die war damals allerdings in einem eher beklagenswerten Zustand – Teile der Gebäude waren abbruchreif oder waren schon abgerissen worden und als Steinbruch zweckentfremdet.

Die Anfänge

Lore und Erich Straubinger, den Eltern des heutigen Küchenchefs ist es zu verdanken, dass man heute nicht inmitten einer grossen Ruine steht, mit einem kleinen Verkaufsstand für Bratwürste, Schleckeis und Ansichtskarten. Die beiden machten aus der einfachen Vesperwirtschaft, die schon recht früh entstanden war, ein gutbürgerliches Restaurant und richteten auch den heutigen Bankettsaal ein.

Rolf Straubinger sammelte derweil nationale und internationale Erfahrungen und auch schon die ersten großen Preise und Auszeichnungen.

Die zweite Generation

Dann, 1990, geht's noch mal einen gewaltigen Schritt nach vorne. Das Ehepaar Straubinger kauft von der damaligen Besitzerin – der Stadt Böblingen – die Burg Staufeneck mitsamt dem Restaurant und Rolf Straubinger kehrt in den elterlichen Betrieb zurück und übernimmt die Küche.

Rolf Straubinger und Burg Staufeneck

Rolf Straubinger und Schwager Klaus Schurr mit ihren Familien sind unseres Wissens die einzigen schwäbischen »Gemeine«, die eine Burg ihr eigen nennen – um Mißverständnissen vorzubeugen: »Gemeine« bezieht sich ausschließlich auf den Stand kraft Geburt – sie sind also nicht adeligen Geblüts.

Er, die Familien und sein Team haben allerdings Leben in das alte Gemäuer gebracht, das vielen der alten Adelshäusern sehr gut anstehen würde. Hier wird getafelt und geschmaust, dass es eine wahre Freude ist.

Und wenn mal wieder weltbekannte Industrieunternehmen aus dem *Ländle* in dem angeschlossenen Fünf-Sterne-Hotel tagen, dann ist im weitläufigen, mit feinstem Kies bestreuten Burghof die automobile Oberklasse unserer Republik versammelt.

Die Burg lebt und es herrscht die rege Betriebsamkeit eines Bienenstocks, wenn die vielen dienstbaren Geister unterwegs sind um die Gäste fürstlich zu bewirten und sie unauffällig zu umsorgen.

Unter neuer Führung…

Er war zwischenzeitlich im Tantris in München. In der Traube Tonbach hatte er sich unter Harald Wohlfahrt zu dessen Sous Chef hoch gekocht. Er hatte im Elsass hospitiert und in Italien. Seine letzte Station im Ausland war das mondäne Hotel Negresco in Nizza. Viele große Namen! Ebenso viel Inspiration und »Feuer« bringt der Jungkoch mit an den heimischen Herd – endlich selbst ausprobieren was man gelernt hat, endlich was »stemmen«. Wer Rolf Straubinger kennt, weiss dass da »Dampf in der Hütte war«.

Er baute sein Küchenteam auf und bringt seine Erfahrungen auf die Speisekarte und auf die Teller der Gäste. Da wird natürlich schwäbisches serviert – aber die Gerichte haben etwas von der Leichtigkeit der italienischen Küche und die Eleganz französischer Menüs.

Internationale Ausrichtung, aber schwäbische Wurzeln

Allerbeste und frische Zutaten aus der Region ist die Maxime des neuen Küchenchefs. Der Anspruch, den er an sich selbst und seine Küche stellt ist hoch – der gute Ruf den das Restaurant schon besitzt soll gefestigt werden, die Ausrichtung von Küche, Weinkeller und Service soll internationalisiert werden. Rolf Straubinger will den bekannten und hoch dekorierten Kollegen im Stuttgarter Raum in Augenhöhe begegnen. Allerdings steht bei ihm nicht die harte Konkurrenz im Vordergrund, sondern er sieht es eher als Ansporn, als Herausforderung – so wie er es vom Leistungssport her kennt.

Rolf Straubingers gastronomischer Lebenslauf

Rolf Straubinger
geboren am 29. Dezember 1962
in Göppingen,
verheiratet,
zwei Kinder mit seiner Frau Heike;
ein Sohn und eine Tochter
Fachhochschulreife
ausgebildeter Küchenmeister
und Hotelbetriebswirt
in seiner Freizeit isst er gerne und gut mit Freunden; er ist passionierter Golfspieler, spielt Squash und betreibt regelmäßig Fitness.

1979–1982	Ausbildung zum Koch im Hotel Sonne Post, Murrhardt
1982–1983	Restaurant Tantris, München
1983–1984	Bundeswehrdienst im Repräsentationskasino Hardthöhe, Bonn (Privatkoch Dr. Manfred Wörner)
1984–1986	Hotelfachschule Heidelberg mit Abschluß Betriebswirt
1986–1987	Kur- und Sporthotel Traube Tonbach, Schwarzwaldstube Sous Chef bei Harald Wohlfahrt
1987–1988	Hostellerie du Cherf, Marlenheim, Elsass
1988–1989	Ristorante Al Borgo, Italien und Hotel Negresco, Nizza Restaurant Chantecler
Herbst 1989	Küchenmeisterkurs bei der F&U, Heidelberg
seit 1990	Küchenchef im elterlichen Betrieb, Burg Staufeneck, Salach
2001	Übernahme des Betriebes mit Schwager Klaus Schurr
2002	Eröffnung des Burghotels Mitglied bei den Jeunes Restaurateurs

Aktuelle Auszeichnungen

1 Stern im Michelin (seit 1991)

2 Hauben im Varta Führer

17 Punkte Gault Millau

3,5 Bestecke Aral

4 Mützen Bertelsmann

3 F in FEINSCHMECKER

Platz 1 der Gourmet-Restaurants 2002 und 2003 im »TopMagazin«

5 Sterne »Luxus« für das 2002 eröffnete Burghotel

Anerkennung…

Noch im gleichen Jahr wird Rolf Straubinger vom FEINSCHMECKER zum zweiten Aufsteiger des Jahres gekürt und nur ein weiteres Jahr später, 1991, wird ihm der erste Michelin-Stern zuerkannt – Rekordzeit. Es folgen noch viele weitere Auszeichnungen:

- 1994 - 2. Platz beim *Bocus d'Or* Deutschlandfinale
- 1996 - 1. Platz beim *Bocus d'Or* Deutschlandfinale
- 1997 - 5. Platz beim *Bocus d'Or* Weltfinale in Lyon und gleichzeitig erkocht er sich den Sonderpreis der Jury »Bester Fischkoch«

Inzwischen hat sich der Stil von Rolf Straubinger weiterentwickelt. »Wichtiger als Kreativität ist für mich die absolute Topqualität der Produkte. Und außerdem die perfekte Organisation.« Kochen ist für Rolf Straubinger Ausdruck seiner Lebenseinstellung. Kräuter und Gemüse stammen aus dem eigenen Garten, Wild aus deutscher Jagd. Der Fisch ist angelgefischt aus dem Atlantik oder aus den heimischen Gewässern. Zu allen Gerichten finden sich auf der bestens sortierten Weinkarte reichlich gute Begleiter: Ausgesuchte Weine regionaler Herkunft, aber auch ein großartiges Sortiment an Spitzenweinen aus anderen Regionen Deutschlands, aus Frankreich und Italien.

Teamplayer mit Ausdauer

Viele weitere, auch internationale Auszeichnungen sind bis heute dazu gekommen und auch den Michelin-Stern hat Rolf Straubinger bis heute nie abgegeben – ein Zeichen dafür, dass er mit seiner Küchenbrigade und dem Service ein qualifiziertes und hochmotiviertes Team hinter sich hat. Etwa 50 Mitarbeiter sorgen dafür, dass alles wie am Schnürchen läuft. Rolf Staubinger legt viel Wert auf eine gut strukturierte Mannschaft, die jederzeit Topleistung bringt.

Ein weiterer Garant für den Erfolg des Hauses ist der gute Zusammenhalt unter den beiden Familien. Und auch für

die weitere Zukunft muss man sich keine Gedanken machen, denn mit den vier Kindern der beiden Familien lebt heute schon die dritte Generation unter dem Dach der Burg.

Die Zukunft

Mit Ihnen zusammen hat Rolf Straubinger die Burg Staufeneck zu der führenden Gourmet-Adresse zwischen Stuttgart und Ulm gemacht. Aus der ehemals ziemlich maroden Ruine ist eine elegant einfache Örtlichkeit geworden, die den Gästen einen großartigen Blick über das Filstal beschert. Diesen herrlichen Blick können aber heute nicht nur die Ausflügler und die Gäste des Restaurants genießen, sonder seit 2002 auch die Logier- und Seminar-Gäste des neu erbauten Hotels.

Luxus auf der Burg

Auf der Burg logiert man wie weiland die Freiherren von Rechberg, die Erbauer der ursprünglichen Burganlage. Hoch über dem Filstal, geniesst man ei-

ganz oben: Rundumsicht von der Burg Staufeneck

oben: Urkunde des Sonderpreises der Jury »Bester Fischkoch« beim *Bocuse d'Or Weltfinale*

rechts: Rezeption des neuen 5-Sterne-Hotels

rechte Seite von oben nach unten:

Die Familien Straubinger und Schurr

Rolf Straubinger in seiner Küche mit seiner Brigade

Geschäftsführer Klaus Schurr und Rolf Straubinger

nen guten Überblick, den suchen auch einige bekannte schwäbische Firmen – sie nutzen diese Location gerne für Seminare und Meetings. Wahrscheinlich nicht ganz ohne Hintergedanken, denn das Hotel wird natürlich von Rolf Straubinger und seiner Küchenbrigade versorgt.

Um das anspruchsvolle Firmen- und Privatpublikum gut zu versorgen, hat man weder Kosten noch Mühen gescheut. Es gibt zwei Seminarräume, die bestens ausgestattet sind – und nach der Arbeit das Vergnügen; im eigenen Fitnessraum mit Ausdauergeräten, einer Blockhaussauna, Tipedarium, Aromagrotte, Eisbrunnen, Kneipp-Fußbecken, kosmetische Behandlungen werden auf Wunsch ebenfalls angeboten.

In der unmittelbaren Umgebung findet sich ein Golfplatz, ein Tennisplatz und auch die Möglichkeit zu reiten, im Winter kann man in die Loipe gehen. Die DEHOGA vergibt für solchen Luxus fünf Sterne.

Mit seinem Schwager Klaus Schurr, Sommelier im Restaurant und Mitgeschäftsführer hat Rolf Straubinger einen kongenialen Partner gefunden. Die beiden schultern seit 2002 den Betrieb des neu erbauten Hotels. Sie sind »umtriebige« Schwaben und was sie bisher auf die Beine gestellt haben ist bemerkenswert – man darf also gespannt sein, was es aus der Burg Staufeneck in Salach noch so alles zu hören geben wird…

Bocuse d'Or

Angelgefischter Wolfsbarsch auf Salat
von Spargel in Trüffelvinaigrette mit
Stockfischkroketten

Bouillabaisse nach Rolf Straubinger

Bretonischer Küstensteinbutt auf
Lauchrisotto mit geschmorten
Orangen-Rotweinschalotten

Banane-Paprika-Strudel und Avocado-
Kokos-Shake

Angelgefischter Wolfsbarsch auf Salat von Spargel in Trüffelvinaigrette mit Stockfischkroketten

Angelgefischter Wolfsbarsch

4 Mittelstücke vom angelgefischten

Wolfsbarsch à 70 g, grätenfrei

etwas Salz

Spargel

12 Stangen grüner Spargel, blan-

chiert

Trüffelvinaigrette

30 gr Perigordtrüffel in Würfel

2 kleine gekochte

Artischockenböden in Würfel

0,5 cl Artischockenfond

2 cl Trüffeljus

4 cl Madeira

4 cl Weißweinessig

4 cl Sonnenblumenöl oder

schwarzes Trüffelöl

Stockfischkroketten

200 g gekochte Kartoffeln

1 Eigelb

50 g gegartes Stockfischfleisch

Meersalz

1 Msp. gehackter Thymian

zum panieren: Panierbrot, Mehl, Ei

Stockfischkroketten

Kartoffeln handwarm durch eine Presse drücken, dann das Stockfischfleisch und Eigelb unterheben.

Den Thymian zugeben und mit Meersalz und Pfeffermühle würzen. Vorsichtig mit dem Salz, der Stockfisch ist schon sehr würzig.

Die Kartoffel-Stockfischmasse zu Kroketten formen und auskühlen lassen.

Nach Wiener Art panieren und anschließend im Fettbad bei 170 °C fritieren

Angelgefischter Wolfsbarsch

Wolfsbarsch mit Meersalz würzen und auf der Hautseite anbraten. Vorsicht, langsam braten, dass die Haut schön kross wird.

Drehen und im Ofen bei 75 °C zirka 2 Minuten durchziehen lassen.

Salat von Spargel mit Trüffelvinaigrette

Trüffelwürfel in Öl anschwitzen, salzen, mit der Trüffeljus und Madeira ablöschen und kurz reduzieren, Essig, Öl und Artischockenfond zugießen und zu einer Vinaigrette verrühren.

Die Spargel halbieren, mit der Vinaigrette marinieren und anrichten.

Wolfsbarsch aufsetzen und mit der restlichen Vinaigrette nappieren. Gebackene Stockfischkroketten anlegen.

Bouillabaisse nach Rolf Straubinger

Bouillabaisse

500g Langustinenkarkassen, angeschlagen

800g Wurzelgemüse (Zweibeln, Karotten,

Fenchel, Staudensellerie, Lauch)

6 angedrückte Knoblauchzehen

50g Tomatenmark

2 Sternanis

1 TL Paprika, edelsüß

1 TL Curry

3 kleine scharfe Chillis

1 EL Korinader (ganz)

1g Safran

einen Thymianzweig

1 EL Meersalz

0,5 l Weißwein

0,3 l Noilly Prat

0,1 l Pernod

10 Strauchtomaten, vollreif, halbiert

3 kg Fischkarkassen, gewaschen, zerkleinert

eine geschälte Zitrone

300g Champignons

Petersilie

3,5 l Wasser

Olivenöl

Knoblauchconfit

Einlage

je 3 kleine Fischfilets nach Tagesangebot

(Lotte, Dorade, Rotbarbe, Seezunge)

4 Stück Bouchotmuscheln

4/2 Royallangustinen

4/2 Jakobsmuscheln

2 EL Sauce Rouille

1 Teelöffel gehackte Petersilie

8 Scheiben geröstete Knoblauchcroûtons

Bouillabaisse

Die Bouillabaisse, wie in der Kochschule gezeigt, zubereiten. In der heißen Suppe werden die kurz angebratenen Fische, Muscheln und Langustinen zu Ende gegart.

Die Bouillabaissefische sowie Muscheln und Langustinen kurz anbraten. Die Fische müssen auf jeden Fall noch glasig sein, da sie mit der kochenden Suppe aufgegossen werden.

Als Einlage Petersilie und Sauce Rouille, dazu geröstete Knoblauchcroûtons.

Bretonischer Küstensteinbutt auf Lauchrisotto mit geschmorten Rotwein-Orangenschalotten

Bretonischer Küstensteinbutt

4 Filet-Mittelstücke vom bretoni-

schen 7 kg-Steinbutt à 90 – 100 g

8 Stangen Minilauch

0,4 l Rotwein

0,2 l roter Portwein

0,1 l Orangensaft

2 Schalotten in feinen Würfeln

40 g Salzbutter

eine Msp. Orangenschalenabrieb

(Zeste von unbehandelter Orange)

10 g angerührtes Mondaminmehl

Meersalz, Pfeffer

Lauchrisotto

100 g Risottoreis (Acquerello)

1 Esslöffel Lauchpüree

0,4 l Geflügelfond

30 g Parmesan

2 Schalotten in Würfeln

20 g Butter

0,1 l Weißwein

Bretonischer Küstensteinbutt

Steinbutt mit Meersalz und Pfeffer würzen. Anbraten und bei 75°C im Ofen etwa 8–10 Minuten glasig durchziehen lassen.

Rotwein, Portwein und Orangensaft mit Schalottenwürfel und Orangenschale auf etwa 0,1 l reduzieren. Mit etwas angerührtem Mondamin binden und die eiskalte Butter unterrühren.

Minilauch längs einschneiden, die Lauchwurzel dabei nicht halbieren und mit wenig Olivenöl in der Teflonpfanne garen.

Lauchrisotto

Risottoreis anschwitzen, Schalottenwürfel dazugeben
und mit anschwitzen bis die Reiskerne eine weiße
Farbe bekommen.

Mit dem Weißwein ablö-
schen, dann den Geflü-
gelfond nach und
nach aufgießen. Den
Reis zirka 18 Minuten
garen lassen.

Butter und Parmesan unterrühren. Kurz vor dem Anrichten
das Lauchpüree unterheben.

Den Steinbutt auf Risotto anrichten. Die Orangen-Rotweinschalotten angießen und mit dem gebratenen Minilauch ausgarnieren.

Banane-Paprika-Strudel und Avocado-Kokos-Shake

Banane-Paprika-Strudel

2 reife Bananen

½ rote Paprika

4 Frühlingsrollen Teigblätter

Puderzucker

2 Eigelb

Avocado-Kokos-Shake

eine reife Avocado

Saft von ½–1 Zitrone (nach Geschmack)

etwas Paprikapulver edelsüß

30 g Puderzucker

200 g Kokosmilch

100 g Puderzucker

100 g Sauerrahm

Banane-Paprika-Strudel

Die rote Paprika grillen, schälen und in kleine Würfel schneiden.

Die Bananen mit der Gabel zerdrücken, mit Puderzucker abschmecken und die Paprikawürfel beimischen.

Jeden Frühlingsrollenteig halbieren und auf die Mitte etwas Masse geben.

Die Ränder mit Eigelb bestreichen und verschließen. Kurz im Ölbad bei 170 °C frittieren.

Avocado-Kokos-Shake

Avocado mit zwei Esslöffel Zitronensaft fein pürieren.

Kokosmilch, 100 g Zucker und Sauerrahm vermischen, mit Puderzucker nach Geschmack süßen.

Ein kleines Glas halb mit Avocadocreme füllen, mit gesüßter Kokosmilch aufgießen. Eine Prise edelsüßen Paprika darauf streuen.

Fischer & Trezza

Aus dem Zufall geboren...

Alles begann mit einer Skatrunde, anlässlich der Dieter Fischer spontan einen Job annahm – er sollte eine Fuhre Lebensmittel in Italien abzuholen. Als er sich schon am nächsten Tag auf einer Autobahn-Raststätte mitten in Italien wiederfand, war sehr schnell die Idee geboren, italienische Spezialitäten nach Deutschland zu importieren. Hierzulande öffneten gerade die ersten italienischen Lokale und Lebensmittelläden. Und sie alle hatten ein gemeinsames Problem: der Nachschub der geliebten Pasta, Pelati & Co. klappte noch nicht befriedigend.

Stuttgart und Salerno

Das Geschäft wuchs und gedieh mit dem Italo-Boom der 80er und 90er Jahre. 1980 wurde die Firma Südimport gegründet, 1985 die Fischer + Trezza Import GmbH. Partner Michele Trezza hatte die Suche nach Arbeit aus dem süditalienische Salerno hierher gespült. Er bemerkte sehr schnell am eigenen Leib den Mangel an guten Lebensmitteln aus *bella Italia*. Um diesen zu beseitigen begann er, selbst nach guten Grundprodukten zu suchen und importierte sie für seine Landsleute. Trezza schied dann 1991 aus der Firma aus, heute zieht Dieter Fischer allein die Fäden.

1998 wurde das neu erbaute Gebäude auf dem ehemaligen Schlachthofgelände eingeweiht. Endlich war genug Platz, die ganzen Köstlichkeiten fachgerecht zu lagern, zu kommissionieren und zu versenden. Das vollautomatische, klimatisierte Hochregallager umfasst 1.400 Europalettenplätze.

Weinrevolution in Italien...

In den frühen 80er Jahren ereignete sich in Italiens Weinszene eine sanfte Revolution. Junge Winzertalente mit guter Ausbildung und dem Ehrgeiz, Spitzenqualität zu produzieren, übernahmen die elterlichen Betriebe.

Immer mehr Top-Weine wurden produziert, die die Typizität, die Rebsorte und das Terroir des jeweiligen Anbaugebiets widerspiegelten. Mit großem Stolz und einer gehörigen Portion Enthusiasmus pflegten die Winzer »ihre eigenen Weine« und die Region.

Dieter Fischer war viel unterwegs in Itlaien, kannte »Gott und die Welt« und hatte immer sein Ohr am Puls der Zeit. Er erkannte früh diese Entwicklung und begann, diese Weine als einer der ersten nach Deutschland zu importieren.

Ein einmaliges Sortiment

Momentan umfasst die Liste eine Selektion der 165 besten Winzerbetriebe Italiens. Insgesamt werden etwa 1.200 Sorten Wein angeboten, dazu noch Grappa und Spumante.

Weinempfehlung

Angelgefischter Wolfsbarch...

Cantina Inama
2001 Vulcaia Fumé IGT
Fischer + Trezza

Das Gut verfügt über 30 Hektar Weinberge, die langsam seit den 60ern Jahren von seinem Gründer zusammengefügt wurden.

Die angebauten Sorten sind die Garganega (aus ihr wird der Soave Classico gekeltert), der Chardonnay und der Sauvignon blanc. Verschiedene Klone und verschiedene Erziehungssysteme der Reben sind nach und nach eingeführt worden, um am Ende das bestmögliche Resultat an Konzentration und Eigentümlichkeit der Trauben zu erhalten. Der vulkanische Boden verleiht fruchtige und mineralische Noten, der geringe Ertrag und die volle Reife der Trauben vervollständigen den einzigartigen Charakter des Terroirs der Weine.

Der Einfluss Weinbaupraktiken wird auf das Minimum reduziert und besteht im Grunde auf der Wiederbelebung antiker Kellertechnik, wie die Maischestandzeit der ge-

Zahlreiche italienische Spitzen-Weingüter werden dabei exklusiv von Fischer + Trezza auf dem deutschen Markt vertrieben.

Anlässlich der alljährlich in Stuttgart stattfindenden Hausmesse »Vinitalia« können die Kunden die wahrscheinlich größte Anzahl italienischer Spitzenwinzer auf einer Veranstaltung kennenlernen und natürlich degustieren.

Fischer + Trezza ist heute kompetenter Partner der Gastronomie, des Weinfachhandels und der Feinkostläden. Hier erhält man schlichtweg alles aus einer Hand. Es gibt natürlich eine riesige Auswahl an italiensichen Weinen. Dieses Sortiment wird auch beständig gepflegt und erweitert.

Nach jahrelanger Arbeit an diesem Weinsortiment, unzähligen Besuchen und Gesprächen mit den Winzern vor Ort, hat Herr Fischer und das Beraterteam von Fischer + Trezza einen Einblick in die italienische Weinszene wie kaum ein anderer – viele Spitzenrestaurants zählen deshalb schon lange zu seinen Kunden: unter anderem eben auch die Burg Staufeneck.

Alles aus Italien…

wie Käse aus fast allen Regionen Italiens, Wurstwaren, alle denkbaren Schinkensorten, Feinkostartikel, Pasta und sogar Küchen- und Lokaleinrichtungen italienischer Herkunft. Dies wird mittels eines eigenen Fuhrparks und spezialisierten Speditionen bundesweit vertrieben. Service wird dabei großgeschrieben: tagesfrische, pünktliche und zuverlässige Belieferung sind bei Fischer + Trezza selbstverständlich. Italien fängt eben schon ein bisschen in Stuttgart an…

Fischer + Trezza

Sortiment: Spezialitäten aus Italien; etwa 1.200 Weine von 165 Weingütern, etwa 190 Grappe, Spumante.
Eine riesige Auswahl an italienischen Spezialitäten.
Gatronomie-Bedarf.
Vertrieb: Einkauf mit Degustation und Präsentationsfläche, Hochregallager in Stuttgart
Aussendienst
Jahresumsatz: 1,2 Mio. Flaschen
Mitarbeiter: 40

links: im Lager sind ständig etwa 1.200 verschiedene Weine vorrätig. außerdem eine reichhaltige Auswahl an Grappa und Spumante.

rechts: *Vinitalia* – Hausmesse bei Fischer + Trezza. Selten gibt es eine so große Auswahl an italienischen Weinen an einem Tag zu verkosten.

mahlenen Trauben und die Verarbeitung der Moste ohne Klärungsprodukte. Das Ergebnis ist der Erhalt der Aromen und ein natürliches Gleichgewicht im Wein.

Der Wein entsteht aus einer Selektion der besten Trauben der gutseigenen Sauvignonreben. Alkoholgehalt: 14%. Die Trauben wachsen auf Vulkangestein (Lavabasalt), welches dem Wein einen starken mineralischen Charakter verleiht. Oberflächenmaischung für drei Stunden. Kaltmaischung für 24–36 Stunden. Gärung und malolaktische Gärung in stark gerösteten neuen und halbneuen Barriques. Kein Umfüllen nach der Gärung. Batonnage alle

sechs Wochen, neun Monate lang. Schönung mit Eiweiß vor der Flaschenabfüllung.
Nur großflächige Filtration.
Durch Stefano Imana's Umgang mit dem Fass entsteht ein blitzsauberer und unglaublich konzentrierter Wein.
Im Glas funkelt es hell bis goldgelb. In der Nase dann Stachelbeeren, Toastaromen, Honigmelone, Kaffee und Gewürze. Am Gaumen dicht, stabile Säure und Aromen von Trockenobst und Zitrusfrüchten. Lang und nachhaltig im Abgang.

Schlossgut Diel

Eine gute Geschichte...

Im Jahr 2002 feierte Armin Diel mit seiner Familie, mit vielen Freunden, Kollegen und Weggefährten das 200 jährige Jubiläum von Schlossgut Diel. In seiner Festrede im nahe gelegen Orgel-ART-Museum fand sich unter anderem dieses Bonmot von Philippine de Rothschild, seit 1973 Inhaberin von Château Mouton-Rothschild: *»Es ist überhaupt kein Problem ein Weingut über Generationen im Familienbesitz zu bewahren. Schwierig sind nur die ersten 200 Jahre!«.*

Die Weinbauregion Nahe, einst als »Probierstübchen Deutschlands« gehandelt, weil hier eine Vielzahl verschiedenster geologischer Formationen auf engstem Raum zu

finden sind, hat eine bewegte Geschichte hinter sich. Dass die Nahe in den letzten Jahren vom Geheimtipp zu einer Bank mutierte ist nicht zuletzt Armin Diel und seinem Schlossgut zu verdanken

Ein virtuoser Tänzer auf vielen Hochzeiten

Zum einen natürlich – und das sei mit Absicht auch ganz vorne angestellt – durch die Erzeugung brillanter Weine! Zum anderen hat sich Armin Diel im Verband der Prädikatsweingüter, dessen Vorsitzender er seit 1993 ist, um den Weinbau der Nahe-Region verdient gemacht. Daneben leitet Diel seit 20 Jahren kulinarische Weinreisen in die Weinbaugebiete Europas, moderiert er kulinarischen Themen im Fernsehen und hat sich als Weinpublizist für *Alles über Wein* und als Mitherausgeber des *Gault Millau Wein Guide Deutschland* einen Namen gemacht.

Eine Position, mit der man sich nicht nur Freunde macht. Aber einer charismatischen Persönlichkeit wie Armin Diel könnte man nur dann in die Parade fahren, wenn er die strengen Maßstäbe nur bei den Kollegen anlegen würde.

Aber seine Weine gehören zu den Besten. Er kann sie überall, auch auf der internationalen Bühne mit Stolz präsentieren. Die Qualität der Arbeit auf Schlossgut Diel, sowohl im Weinberg als auch beim Ausbau der Weine ist bekannt und mustergültig, das ist er sich selbst und den Kollegen schuldig, über die er schreibt.

Weinempfehlung

Bouleabaisse...

2002 Châteauneuf-du-Pape blanc
Château la Nerthe, Alain Dugas
Alpina

Der Weiße ist selten, kräftig aber sehr fein und ausgeglichen feurig bis zur Üppigkeit, verbunden mit glutvoller Fülle, fruchtig, aromatisch aber hoch im Alkohol. Der kieselsteinhaltige Boden, der auf einer dicken Schicht von rotem Ton liegt, gleicht einem Sonnenofen, der nachts die Wärme an die Rebsorten Bourboulenc, Clairette, Rous-

sanne und Grenache Blanc wieder abgibt. Bereits im Jahr 1923 wurde strenge Richtlinien auferlegt die heute noch gelten. Dieses Weinbaugebiet ist damit eines der ältesten AOC Frankreichs.

Der Wein wurde zu einem Drittel im Barrique-Fass ausgebaut und zu zwei Dritteln im Stahltank.

Der Wein besticht durch seine brillante hellgelbe Farbe. In der Nase Aromen von Heu, reife Melone, viel reife Frucht, Caramell. Im Mund dichter, strukturierter Körper, gestützt von stabiler Säure. Mittlerer Nachhall mit Noten von Buttertoffee.

Einige Stimmen…

Das französische Fachblatt *La Revue du Vin de France* stellt im April 2004 ihre 111 besten Weingüter der Welt vor, unter den acht deutschen Erzeugern ist auch Schlossgut Diel: »Gemeinsam mit seinem Partner Joel Payne gibt er den maßgeblichen Führer über deutsche Weine heraus (Gault Millau). Keiner seiner Kollegen würde ihm die geringste Nachlässigkeit in seinen Weinbergen durchgehen lassen, aber er geht noch viel weiter indem er im allgemeinen Urteil ein mustergültiges Weingut führt mit Weinen, die in ihrer Feinheit nur schwer zu übertreffen sind…«

Hugh Johnson, Robert M. Parker, *Wine Spectator*… das Lob über Schlossgut Diel nimmt kein Ende. Armin Diel hat in Burg Layen ein wahres Spitzenweingut aufgebaut, das weit über die Grenzen der Nahe-Region hinaus Anerkennung findet. Auch für die Zukunft stehen die Zeichen gut. Nach umfassenden Praktika in berühmten Weingütern Europas (etwa Château Pichon-Comtesse de Lalande und Domaine de la Romanée-Conti) hat Tochter Caroline gerade in Geisenheim ihr Weinbaudiplom bestanden und Sohn Victor studiert – ganz wie einst der Vater – Jura, allerdings ist er auch schon vom Wein »infiziert«. Und mit dem Moselaner Christoph Friedrich führt hier ein überaus talentierter Kellermeister feinfühlig Regie. Sowohl die trockenen Spitzengewächse als auch die feinfruchtigen und edelsüßen Rieslinge sind eine Klasse für sich. Der Jahrgang 2003 ist hier ein wahres Monument!

Schlossgut Diel

Rebfläche: 17 Hektar

Durchschnittsertrag: 45 hl/ha

Beste Lagen: Dorsheimer Goldloch, Pittermännchen und Burgberg

Böden: Goldloch: Kieselsteine, Pittermännchen: Schiefer, Burgberg: Quarzit

Rebsorten: 65 % Riesling und der Rest Grauer und Weißer Burgunder sowie Spätburgunder und Frühburgunder.

Bretonischer Küstensteinbutt…

2001 Prestige Cuvée »Victor«
Schlossgut Diel

Eine Komposition aus 80% Pinot Gris, 15% Pinot Blanc und 15% Chardonnay.
Vergärung und elfmonatiger Ausbau auf der Feinhefe in neuen Barriques aus französischer Eiche aus dem Zentralmassiv und den Vogesen, nur ganz schwach getoastet. Von diesem Wein, der auf den Weinkarten der besten Restaurants einen Stammplatz hat, gibt es insgesamt nur 5.000 Flaschen!

Ein helles Strohgelb in der Farbe. Anfänglich eine zarte Honignase, dann immer komplexer: Steinobst, Zitrus und tropische Frucht (Ananas), etwas Nuss und eine kleine Merrettichschärfe. Am Gaumen dann eine opulente Frucht und im Abgang etwas schokoladig.
Da stimmt einfach alles!

Das »richtige« Weinglas…

Höchster Genuss aus professionellen Gläsern

Spiegelau gilt heute als einer der bedeutendsten Glashersteller für Kelchgläser und Geschenkartikel aus feinstem Kristallglas. In der Firma wird nach wie vor die traditionelle Kelchglasherstellung gepflegt – das heißt mundgeblasen und mit einem hohen Anteil an handwerklicher Arbeit. Das Ergebnis sind exquisite Gläser, die auf jeder feinen Tafel ein Blickfang sind.

oben: Spiegelau ein Ort in Bayern – Namensgeber einer Weltmarke.

rechts: Glasmacher – ein Handwerk mit einer sehr langen Tradition.

Neben dieser traditionellen Manufaktur gibt es auch einen Geschäftsbereich, der sich mit der hochtechnisierten maschinellen Glasherstellung beschäftigt. In beiden Geschäftszweigen hat sich Spiegelau weltweit eine bedeutende Marktposition erarbeitet.

Die Tradition

Seit 1521 hat sich aus einer kleinen Glashütte in Spiegelau im Bayerischen Wald die heutige Kristallglasfabrik Spiegelau GmbH entwickelt. Der Markenname ist daher identisch mit dem Ortsnamen.

Spiegelau hat mit der Produktion von Gourmetgläsern Akzente gesetzt. Die deutsche Gläsermarke Spiegelau ist weltweit ein Synonym für Gläser zum perfekten Genuss.

In sehr vielen Spitzen-Restaurants in Deutschland werden Spiegelau-Gläser verwendet und auch in großen Hotels und der Top-Gastronomie weltweit findet man immer wieder Gläser aus der bayrischen Manufaktur.

Gourmetgläser

Getränke, besonders Weine, Sekte und Champagner, oder erlesene Obstbrände, Grappa und Digestifs haben jeweils ihren eigenen Geschmack und ihre individuellen Aromen, die sie auch ganz unterschiedlich entfalten. Für unser Geschmackserlebnis spielt dabei die Intensität der Aromen eine entscheidende Rolle aber auch wie vielschichtig oder – im Gegensatz dazu – wie homogen der Geschmack eines Getränkes ist. Auch der Alkoholgehalt und damit eng verbunden, die Stoffe, die wir bei einem Getränk zuerst mit der Nase registrieren, bestimmt einen großen Teil des späteren Geschmackserlebnisses.

Der kleine Unterschied

Jeder von uns hat schon einmal einen recht guten Wein oder Sekt aus einem Wasserglas oder Pappbecher getrunken – und hat sich gewundert wie ein Wein oder Sekt seinen Geschmack »verändern« kann.

Das liegt zum einen daran, dass sich unser Geschmackseindruck immer aus Geruch und Geschmack zusammensetzt und zum anderen daran, dass unsere Zunge verschiedene »Geschmackszonen« hat – unterschiedliche Aromen werden an unterschiedlichen Stellen auf der Zunge wahrgenommen. Es ist also entscheidend wie der Geruch eines Getränkes an unsere Nase geführt wird und wie die Flüssigkeit sich dann in unserem Mundraum verteilt. Speziell bei Wein spielt ein weiterer Faktor eine wichtige Rolle: wie kann der Wein mit dem Sauerstoff der Luft reagieren und dabei seinen Charakter entfalten.

Dieses Zusammenspiel von Getränkeeigenschaft, Physiognomie und Glasform und -größe ist äußerst komplex. Ein Gourmetglas muss die Charaktereigenschaften des jeweiligen Getränks deutlich machen. In enger Zusammenarbeit mit Profis aus dem Sommelier- und Gastronomiebereich müssen deshalb die Form und die Funktionen der einzelnen Gläser perfekt aufeinander abgestimmt werden.

Das Gläszentrum Spiegelau

Der Besuch im Gläszentrum Spiegelau bietet Gelegenheit sich über den interessanten Werkstoff Glas zu informieren. Bei einer Werksführung kann man die Herstellung hochwertiger Kristallprodukte kennen lernen.

Es sind faszinierende Bilder wenn aus dem Ofen die weiß glühende – etwa 1200°C heiße Masse zum Vorschein kommt und dann in handwerklicher Arbeit, mundgeblasen, feinste Glaswaren daraus entstehen.

Die Kunst der Glasmacher ist inzwischen schon runde 500 Jahre bekannt und bis heute hat sich an ihrer Arbeit wenig verändert

Aus Sand, Soda, Pottasche, Kalk und Bleimenige entstehen im Glutofen Gebrauchsgegenstände von sehr großer Schönheit. Besuche in der Glasmanufaktur sind möglich, die Adresse und Telefonnummer finden Sie im Anhang.

Spülmaschinenfestigkeit

Kristallgläser sind prinzipiell spülmaschinenfest, bitte beachten Sie die folgenden Punkte

• Achten Sie beim Einsetzen der Gläser darauf, dass durch Aneinanderschlagen beim Spülen Bruch oder Scheuermaken vermieden werden. Gläser nur im Oberkorb einsetzen.

• Stellen Sie die Maschine auf Ihre Wasserhärte ein und beachten Sie, dass immer Regeneriersalz aufgefüllt ist.

• Benützen Sie für Gläser immer den Feinspülgang.

• Stellen Sie die Klarspüldosierung so niedrig wie möglich ein. Überdosierungen führen zu einem irisierenden bläulichen Belag, der sich nicht beseitigen lässt.

• Stellen Sie sicher, dass Gläser in der Klarspülphase gut gewässert werden und der Spülstrahl auch das Innere der Gläser erreicht. Essensreste im Sieb können auch zu einer unzureichenden Klarspülung führen.

• Öffnen Sie die Geschirrspülmaschinen sofort nach Ende des Programms, damit die entstandenen Dämpfe abziehen können.

• Viele Spülmittel sind für stark verschmutztes Koch- und Bratgeschirr entwickelt worden. Beim Spülen von Glas können unvorhersehbare Reaktionen auftreten, die auf den Gläsern einen milchigen Belag zurück lassen. Es handelt sich hier um ein Kieselsäureprodukt das aus Spülmitteln die Metasilikat enthalten, herrührt. Versuche alle Umstände zu klären, die zu solchen Reaktionen führen, sind bis jetzt erfolglos geblieben. Eine Ursache ist ein zu langer Kontakt des Spülsudes mit dem Glas, z.B. wenn im Klarspülgang durch Essensreste im Sieb ein ordentliches Spülen verhindert wird. Dieser Belag bildet sich, unter den gegebenen Umständen, auf jedem Glas unabhängig seiner chemischen Zusammensetzung. Wir empfehlen Spülmittel ohne Metasilikate, sofern der Spülmittelhersteller diesbezüglich Angaben macht.

• Große oder massive Gegenstände und dekorierte Gläser (Goldrand etc.) spülen Sie besser von Hand.

• Gläser, die lange Zeit unbenutzt im Schrank stehen, können einen leichten grauen Belag bekommen, den Sie durch Abreiben mit einem Leinentuch oder durch Spülen entfernen können.

oben: Faszination Glas. Aus fast nichts anderem als Sand entsteht unter großer Hitze ein wunderschöner Werkstoff.

Rotwein Ballon

• Weine aus Burgund, Pinot Noir, Schwarzriesling, Barbera, Zinfandel, Cote-du-Beaune, Gevrey-Chambertin

• Insgesamt mittelschwere bis schwere Weine. Fruchtbetonte und gerbstoffarme Weine. Ideal für vollmundige Pinot Noir aus dem Burgund und aus Kalifornien/ Oregon, für deutsche Spätburgunder und große Rioja Gran Riserva.

• Der breite Kelch vergrößert die Kontaktfläche des Weins mit dem Luftsauerstoff. So kommt die ganze Geschmacksfülle gut zum Ausdruck und das Bouquet entwickelt sich schnell

• Temperatur: eher zu kühl servieren, nicht über 16°C

• Füllmenge: bis zur breitesten Stelle des Glases – das gilt für alle Weingläser.

Rotwein Magnum

• Cahors, Bordeaux Grand Cru, Haut Médoc, Médoc, Chianti Riserva, Vino Nobile, Torgiano Riserva, Somontano, Blaufränkisch, Cabernet Sauvignon, Malbec, Pinotage, Shiraz, St. Emilion, Pomerol, Bandol Rouge, Brunello di Montalcino, Regaleali Rosso, Ribeira del Duero, Priorato, Dao, Merlot

• Ideal für junge noch reifebedürftige Bordeaux und andere gerbstoffreiche Weine aus verschiedenen Anbauländern der Welt, etwa spanische Ribera del Duero oder italienische Barolo

• Durch die leicht verengte Öffnung wird der Wein zu den Stellen auf der Zunge geleitet, an denen vor allem Frucht und Säure wahrgenommen werden. Bitterer Gerbstoff wird durch die enge Öffnung eher harmonisiert.

• Temperatur: unter 16°C

Rotweinkelch

• Beaujolais, Touraine, Gigondas, kalterer See, Bardolino, Valpolicella, Spätburgunder, Lemberger, Dornfelder, Blauer Zweigelt, Dole, Gamay, Corbières, Fitou, Cotes-du-Roussillon, Cotes-du-Languedoc, Minervois, Cotes-du-Ventoux, Cotes-du-Rhone, Moulin-a-Vent, Mercurey, Bourgogne Rouge, Cabernet Südtirol, Sangiovese Romagna, Navarra, Merlot del Ticino, Zinfandel, Cabernet Sauvignon

• Ideal für junge, eher frucht- als gerbstoffbetonte Weine

• klassischer, hochstieliger Rotweinkelch von mittlerer Größe, für eine Vielzahl von Rotweinen unterschiedlicher Traubensorten und Altersstufen. Junge Rotweine bekommen genügend Luft, um sich zu entfalten, ältere Weine, die nicht zuviel Luft haben dürfen, entfalten schnell ihr Bouquet

• Temperatur: 14°C

Weißweinkelch

• Pouilly Fumé, Chablis, Bourgogne Blanc, Sancerre, Pouilly Fuissé, Graves Blanc, Weißburgunder Südtirol, Sauvignon Südtirol, Chardonnay Friaul, Sauvignon Friaul, Verdicchio, Ruedo Blanco, Grauburgunder Spätlese, Fendant, Chardonnay, Sauvignon blanc, Puligny Montrachet, Gewürztraminer Elsaß, Pinot Gris Elsaß, Hermitage Blanc, Château Grillet, Riesling Smaragd, Grüner Veltliner, Sauvignon/ Morillon, Chardonnay, Semillon

• Ideal für holzfaßgereifte Chardonnay, große, trockene Spätlesen und Auslesen von Riesling und Grüner Veltliner, Roséweine, leichten Südtiroler Vernatsch

• hochwertiges Glas, für vollmundige, körperreiche Weißweine, die ein paar Monate im Faß und hinterher auf der Flasche gelagert wurden. Sie brauchen wegen ihres Körperreichtums einen größeren Kelch, um alle Facetten ihres Aromas zu entfalten. Zugleich sorgt die relativ breite Öffnung dafür, dass der Wein sich im Mund gut verteilt

• Temperatur: 12°C

Weißweinglas

• Entre-Deux-Mers, Petit Chablis, Muscadet, Pinot Blanc Elsaß, Gavi, Soave, Pinot Grigio, Galestro, Frascati, Trebbiano d'Abruzzo, Vinho Verde, White Zinfandel, Mountain White, Chenin Blanc, Côtes du Jura, Vin de Savoie, Franciacorta Bianco, Vernaccia di S. Gimignano, Orvieto, Vermentino die Sardegna, Alcamo, Corvo Bianco, Welschriesling, Neuburger, Château Chalon, Château Grillet, Sauternes

• Ideal für feine Weißweine von mittlerem Körper wie die meisten italienischen Weißweine; Chablis, Muscadet, Pinot Blanc, auch für Aperitiv-Weißweine wie Gelber Muskateller und leichter Pinot Grigio

• elegantes, universell einsetzbares Weißweinglas, in dem sowohl kräftige wie leichte Weine gut zur Geltung kommen. Das Glas ist groß genug, damit sich verschlossene Weine entwickeln aber nicht so groß, dass sich Duft und Aroma verlieren. Der sich leicht verjüngende Kelch bündelt den Duftstrom.

• Temperatur: 10°C

Burgunderpokal

• Ideal für große französische Grand Cru Burgunder wie Chambertin und Musigny/ Amarone, Barbera d'Asti, Hermitage und auch reife Spitzen-Barolo aus großen Jahrgängen

• Ein majestätisches Glas für die hochklassigen Spitzengewächse, das auch äußerlich die Würde des Weins widerspiegelt. Der bauchige Kelch schafft die größtmögliche Berührungsfläche mit der Luft, die ein Weinglas bieten kann. Dadurch »explodieren« die fruchtigen Aromen. Der Alkohol, der Geschmacksträger ist, transportiert sie zu Nase und Zunge. Durch die große Öffnung fließt der Wein auf breiter Front in die Mundhöhle ein und lässt so seine ganze Fülle spüren.

• Temperatur: 16–18°C

Bordeauxpokal

• Bordeaux Grand Cru, Cabernet Sauvignon, St. Emilion, Pomerol, Brunello die Montalcino, Regaleali Rosso, Ribeira del Duero, Priorato, Merlot und Shiraz aus Australien

• Spektakuläres Glas mit großvolumigem, tulpenförmigem Kelch, dessen Größe der Bedeutung des Weins angepasst ist, der aus ihm verkostet wird. Sein Bouquet wird in dem sich leicht verjüngenden Duftkanal konzentriert zur Nase gebracht. Der bei Weinen der Spitzenklasse meist erhöhte Alkohol wird dennoch nicht übermäßig betont. Schließlich ist an den Wandungen des Glases das faszinierende Schlierenspiel zu beobachten, das den Extrareichtum großer Weine widerspiegelt.

• Temperatur: 16–18°C

Sektkelch

• Champagner, Crémant

• Ideal für Sekte und alle trockenen Schaumweine, für Standard-Champagner und Crémants, für Champagner und Saftmixturen wie Buck's Fizz

• Schlankes Sektglas mit engem Durchmesser, in dem sich der Schaum respektive die Perlage beim Einschenken optimal aufbauen kann. Die Flötenform gestattet es, das faszinierende Perlenspiel des Schaumweins mit dem Auge zu beobachten. Da Champagner, Sekt, Cava oder italienischer Spumante in der Regel aus leichten Grundweinen hergestellt werden, brauchen sie kein voluminöses Glas, um ihre Aromen zu zeigen

• Temperatur: 10–12°C

• Füllmenge: 0,1 Liter

Champagnerkelch

• Champagner, Prosecco und Champagner Prestige Cuvée

• Ideal für alle Jahrgangs-Champagner und Prestige-Cuvées, dazu für alle edlen Jahrgangs-Schaumweine aus Deutschland, Österreich, Italien, Spanien und Amerika

• hochgezogenes Schaumweinglas, entwickelt für edle Schaumweine, die durch ihre Vielschichtigkeit und ihre Reife brillieren. In seinem leicht bauchigen Kelch entwickeln und sammeln sich alle Weinaromen und werden durch die sich nach oben hin verjüngende Form konzentriert zur Nase geführt. Auch für die Perlage ist genügend Volumen vorhanden.

• Temperatur: 10–12°C

• Füllmenge: 0,1 Liter

Sektschale

• Ideal für süsse Schaumweine wie Asti, Moscato d'Asti, Sekte und Champagner »mit Schuß« sowie für alle Bowlen

• Wohlproportionierte, flache Schale mit breitem Durchmesser, aus der traditionell süsse Schaumweine getrunken werden. Der breite Durchmesser schwächt die Wirkung der Kohlensäure ab.

• Temperatur: 8°C

• Füllmenge: 0,1 Liter

Asia

Variationen vom Thunfisch:
- Rettichcanneloni gefüllt mit Tartar
- Sushiröllchen mit rosa Ingwer
- Carpaccio
- Thunfischwürfel mit schwarzem und
  weißem Sesam
- Thunfisch mit Kokos

Scampimedallion mit Vanille
gebraten und Kafir-Limonenblattsoße

Baramundi mit Wokgemüse im
Briqueteig und Kokos-Chilisoße

Karamelisierter Zitronengrasflan mit
Gewürzananas und eigenem Sorbet

Variationen vom Thunfisch…

Pro Person

3 Kleine Sushiröllchen

30 g Thunfischtartar

1 kleiner Teller mit Thunfischcarpaccio

1 Thunfischstück à 15 g mit Kokos bestreut

1 Stück Thunfischwürfel mit schwarzem

und weißem Sesam paniert

4 Quadrate von hauchdünn geschnittenem

weißen Rettich

Marinade

einige Tropfen von geröstetem Sesamöl

ein Hauch Knoblauchconfit

20 g Ketchup Manis

40 g Sesamöl hell

10 g Ingwersaft

20 g Sojasoße

Tatar

etwas Salz

Limonensaft

Schwarzer Pfeffer

Sesamöl nicht geröstet

100 g Thunfisch in Würfeln

Schalotten Brunoise, blanchiert

Rettichcanneloni gefüllt mit Tartar

Thunfisch von Hand in kleine Würfel schneiden mit blanchierten Schalotten, Meersalz, Pfeffer aus der Mühle, Limonensaft und dem nicht gerösteten Sesamöl marinieren.

Weißen Rettich in hauchdünne Quadrate schneiden, mit etwa 4 cm Kantenlänge.

Tatar mit Hilfe eines Dressiersacks als kleine Röllchen aufspritzen und zu Canellonis rollen.

Sushiröllchen

Das Sushi nach Rezept erstellen und in 2,5 cm lange Röllchen schneiden. (Kochschule Seite 34)

Carpaccio

Kleine Thunfischwürfel in eine Vakuumiertüte geben und mit Hilfe eines Plattierers zu Carpaccio klopfen. In die kleinen Teller legen und mit den Marinaden zart einpinseln.

Thunfischwürfel mit schwarzem und weißem Sesam

Sesam-Thunfischwürfel in heißem Fett kurz frittieren, Würfel müssen innen unbedingt glasig bleiben! Auf dem marinierten Carpaccio anrichten.

Thunfisch mit Kokos

Kokos Thunfisch in der Pfanne einseitig anbraten, die Kokosstreusel sollten dabei eine leichte Färbung bekommen. Auf einem Gemüsesalat anrichten.

Scampimedallion mit Vanille gebraten und Kafir-Limonenblattsoße

Scampimedallion

4 Stück Wildwasserscampi oder
bretonische große Langustinen

½ getrocknete Vanilleschoten
ohne Mark

150 g geschnittenes rohes Gemüse
nach Angebot (z.B. Kaiserschoten,
rote Paprika ohne Haut, Minimais,
Sojasprossen, Karotten)

Meersalz

Sojasoße

Ketchup Manis

Knoblauchconfit

Kafir-Limonenblattsoße

eine kleine Schalotte

25 g Karotten

25 g Staudensellerie

eine Msp gelbe Currypaste

20 g frischer Ingwer

25 g Zitronengras, geschnitten

ein Kafir-Limonenblatt

eine Msp Currypulver Madras

1 TL Honig

1 EL Chilisoße

8 cl Noilly Prat

0,25 l heller Geflügelfond

4 cl helles Sesamöl

10 cl Kokosmilch

Kafir-Limonenblattsoße

Schalotten, Karotten und Staudensellerie in Öl anschwitzen. Honig hinzugeben und karamellisieren lassen.

Currypaste, Ingwer und Chilisoße kurz mit andünsten und mit Noilly Prat ablöschen. Dann auf die Hälfte reduzieren.

Zitronengraß und Limonenblatt dazu, mit dem Geflügelfond auffüllen und kochen lassen. Geflügelfond auf die Hälfte reduzieren. Kokosmilch aufgießen und ziehen lassen.

Mit dem *ESGE–Zauberstab* mixen (Limonenblatt vorher entfernen) und passieren.

Scampimedallion...

Scampi mit Meersalz würzen und auf die getrocknete Vanille spießen. In der Teflonpfanne anbraten (muss innen schon glasig sein).

Geschnittenes Gemüse nach den einzelnen Garzeiten in heißer Pfanne oder Wok anbraten, mit etwas Sojasoße, Ketchup Manis und Knoblauchconfit marinieren.

Hauch Salz hinzugeben. Nachschmecken. Scampi auf dem Gemüse anrichten und mit der Soße nappieren.

Baramundi mit Wokgemüse im Briqueteig und Kokos-Chilisoße

Baramundi

4 Tranchen Baramundi

Mittelstücke à 90 g

Szechuan-Pfeffer

Meersalz

Dajong

4 Briqueteigplatten

angerührter Tempurateig

zum Kleben der Platten

150 g Gemüsestreifen von Lauch,

Fenchel, Shitakepilzen, Kohlrabi,

Weißkraut (nach Angebot)

32 Stangen Thaispargel

Pimento-Ingwersoße

eine Paprikaschote, rot, geschnitten

und ohne Kerne

eine Schalotte in Streifen

Hauch Knoblauchconfit

0,4 l Geflügelfond

4 cl Ingwersaft

20 g Ingwer frisch gerieben

0,1 l Weißwein trocken

0,1 l Noilly Prat

0,4 l Geflügelfond

20 g Butter

Baramundi

Mit Meersalz, Dajong und Szechuan-Pfeffer den Baramundi würzen.

Die Gemüsestreifen im Wok kurz anbraten.

Marinierte Baramundi mit den Gemüsen in Briqueblätter einschlagen. Die Seiten mit Tempurateig verschließen. Die Teigpakete in der Teflonpfanne mit relativ viel Öl herausbraten.

Wenn die Teigplatten Farbe haben herausnehmen. Sollte der Fisch allerdings noch nicht gar sein im Backofen durchziehen lassen. Kerntemperatur 45°C.

Pimento-Ingwersoße

Paprikaschoten mit den Schalottenjuliennes und etwas Knoblauchconfit und der Butter anschwitzen, geriebenen Ingwer dazu geben.

Mit Ingwersaft, Weißwein und Noilly Prat ablöschen und auf die Hälfte reduzieren. Geflügelfond auffüllen und auf etwa 0,2 l reduzieren.

Das ganze im *Thermomix* mixen und passieren, nach Geschmack würzen.

Den Spargel knackig blanchieren dann kurz anbraten und für die Garnitur heiß stellen.

Karamelisierter Zitronengrasflan
mit Gewürzananas

Zitronengrasflan

eine Stange Zitronengras

¼ l Sahne

3 Eigelb

25 g Zucker

Gebratene Ananas

½ Ananas

2 Sternanis

50g Brauner Zucker

2 Kardamon Kapseln

30g Butter

Ananas Sorbet

½ Ananas

100g Zucker

300ml Wasser

Garnitur

Zitronengras-Früchtespieß

getrocknete Ananasscheiben

Zitronengrasflan

Die Sahne mit dem Zitronengras aufkochen. Eigelb und Zucker vermengen. Die kochende Sahne durch ein Sieb dazugeben. (Bezugsquelle Zitronengras Seite 156)

In Schälchen einfüllen und bei 95°C im Ofen etwa eine Stunde backen, dabei die Schälchen auf ein Blech mit ein wenig Wasser stellen.

Gebratene Ananas

Ananas in kleine Stücke schneiden mit Butter anbraten. Mit etwas Zucker karamellisieren. Jetzt tritt Saft aus der Ananas aus. Gewürze hinzugeben und in diesem Saft ziehen lassen.

Ananas Sorbet

Ananas mit Zucker und Wasser aufkochen, pürieren und durch ein Sieb passieren. Saft in Sorbetière geben und gefrieren.

Weingut Gerhard Aldinger

»Der Tradition verpflichtet seit Anno 1492«

Wer über Gert Aldinger und sein Weingut spricht, der kommt um einige Superlative nicht herum – zu vielfältig und namhaft sind die Preise und Auszeichnungen, die der Winzer in den letzten Jahren erhalten hat: »Deutscher Rotweinpreis 2002«; *vier Trauben* im *Gault Millau*, was zuvor noch kein Württemberger erreichte – damit auch »Aufsteiger des Jahres 2004«.

Gert Aldinger verfolgt seit etwa zehn Jahren seinen ganz eigenen Weg – heute ist er einer der Top-Winzer in Deutschland. Und als echter Schwabe bekennt er Farbe in der Hauptstadt!

Das Weingut Gert Aldinger ist etwas besonderes. Der *Gault Millau* bezeichnet die Mannschaft um Gert Aldinger gar als das derzeit beste Weingut Württembergs. Ein Großteil seiner Weine wird mit 90 bis 94 Punkten bewertet – *exzellent*. In dieser Bandbreite über das ganze Sortiment hinweg schafft das zur Zeit kein anderer Winzer im Ländle.

Solche Erfolge kommen nicht über Nacht. Die Familie Aldinger macht seit 15 Generationen Wein – Gert Aldinger kann also auf Erfahrungen und Wissen zurückgreifen, das von Generation zu Generation weitergegeben wurde. Und ganz folgerichtig sagt der Weinbauer auch, daß dieser Erfolg das Ergebnis einer riesigen gemeinsamen Anstregung ist – die der ganzen Familie Aldinger, die mit drei Generationen im Betrieb tätig ist, und seiner Mitarbeiter, die lange im Betrieb sind und alle auf dieses Ziel zuarbeiten.

Beste Lagen

Das Weingut verfügt neben diesem »Erfahrungsschatz« auch über »Bodenschätze«; so ist man im Alleinbesitz der berühmten Lage Untertürkheimer Gips. Der Name ist von dem Gipsbruch hergeleitet, der hier bis in die 70er Jahre be-

Weinempfehlung

Variationen vom Thunfisch

2003 er Stettener Pulvermächer, Riesling**
Gert Aldinger,

Die ausdrucksvolle Duft- und Geschmacksnote eines typischen Rieslings, florale Düfte, kombiniert mit dem Geschmack von reifen Birnen und Äpfeln.
Jedes Jahr bringen die Reben, die auf Sandsteinverwitterungsböden stehen, goldgelbe Trauben, die mit ihrer natürlichen Traubensüße abgefüllt werden.

Scampimedallions...

2002 er Gewürztraminer, Spätlese
Ökonomierat Rebholz, Siebeldingen, Pfalz
Alpina

Weinerzeugung richtet sich oft nach modischen Trends und Vorlieben des Marktes. Die Familie Rebholz, widersetzt sich seit drei Generationen und folgt der alten Idee des Naturweines auch in schwierigen Zeiten. Der Verzicht auf Anreicherung (Chaptalisierung), auf Süßung durch Süßreserve und auf Entsäuerung sind die Eckwerte dieser Weinphilosophie. Sie wird ebenso konsequent verfolgt wie kompromissloses Streben nach höchster Qualität.

trieben wurde, der wurde dann mit Gipskeuper aufgefüllt und heute gedeihen hier neben prächtigem Weißburgunder, Spätburgunder und Merlot auch der typisch schwäbische Trollinger und Riesling.

Neben dieser »berühmten« Spitzenlage, werden zwei weitere Lagen bewirtschaftet, die nicht minder gute Qualitäten liefern: Fellbacher Lämmler und Stettener Pulvermächer. So hat man für jede Rebe optimale Standorte.

Qualität steht über allem anderen…

Die Weine werden bei Aldinger's ganz nach ihren Bedürfnissen angebaut. Der Lemberger, der Sonne braucht, wird auf den vollen Südlagen angebaut. Der Spätburgunder, Merlot, Cabernet und Burgunder eher nach Südwesten, sie haben die lange etwas mildere Abendsonne. Sauvignon Blanc und Chardonnay sind oben am Hang angelegt; am Hangfuß, da wo der Boden steiniger wird, wächst der feinfruchtige, mineralische Riesling.

Um die primären Traubenaromen zu erhalten, werden die Weißweine langsam und kühl vergoren – bei 12 bis 14°C, anschließend reifen sie im Stahltank auf Feinhefe.

Die kräftigen Rotweine gären bis zu 20 Tagen auf der Maische. Abhängig von der Qualität und ihrer Eigenart erfolgt der weitere Ausbau und der biologische Säureabbau dann im Edelstahltank, im großen Holzfass oder in den Barriques.

Eine Weinbaufamilie in der 15. Generation – die Aldinger's. Heute arbeiten drei Generationen im Weingut zusammen. Geballtes Wissen, Erfahrung und kontinuierlicher Fleiß bringen dieses Weingut an die Spitze. Preise, Lob und Anerkennung von vielen Seiten bestätigen den hohen Anspruch der Winzer.

Weingut Gerhard Aldinger

Rebfläche: 20 Hektar

Durchschnittsertrag: 65 hl/ha

Jahresproduktion: 160 Tsd. Flaschen

Boden: Gipskeuper, roter Keuper und Sandsteinverwitterungen

Rebsorten: 30% Riesling, 28% Trollinger, 14% Spätburgunder, je 5% Merlot, Weißburgunder, Lemberger, Cabernet, Sauvignon Blanc und Gewürztraminer

Beste Lagen: Untertürkheimer Gips, Fellbacher Lämmler und Stettener Pulvermächer

---

Der Großvater, Ökonomierat Eduard Rebholz war der Pionier des Qualitätsweinbaus in der Südpfalz. Der Vater Hans Rebholz hat als Verfechter durchgegorener und trockener Weine den Stil des Hauses weiter verfestigt. Weit über 90 Prozent aller Rebholz-Weine sind seitdem trocken ausgebaut. Seit seinem Tod im Jahre 1978 führen Mutter Christine Rebholz und Hansjörg Rebholz, unterstützt von seiner Frau Birgit, den Betrieb.

Die Gewürztraminer Spätlese zeigt eine klare Frucht. Die Nase erinnert an zarte, fein duftende Rosenblätter.

Der Wein ist reintönig im Geschmack, die dezente Süße unterstreicht diesen.

2001er Grüner Veltliner »Der Ott«, Qualitätswein
Bernhard Ott
Donauland, Österreich

Eine Cuvée aus verschiedenen Top-Lagen des Weingutes in Niederösterreich.

»Der Ott« hat eine mittlere Säurestruktur und große Aromenvielfalt: weißer Pfirsich, Orange, Marille, Mandel und weiße Blüten.

Der Grüne Veltliner ist extraktreich und hat einen langen Nachhall. Breite Frucht am Gaumen.

Weingut Beurer

Die jungen Schwaben...

Das Weingut Beurer gibt es erst seit 1997. Das scheint recht jung für ein schwäbisches Weingut in einem Ort wie Stetten im Remstal, wo sich der Weinbau seit Jahrhunderten etabliert hat. Die reine Jahreszahl täuscht allerdings auch etwas. Die Familie Beurer beschäftigt sich schon seit einigen Generationen mit dem Wein und dem Weinbau.

Bis '97 war man in der örtlichen Genossenschaft Mitglied, der Vater von Jochen Beurer war sogar Vorsitzender dieser Genossenschaft. Beide, Vater und Sohn sind dann Ende der 90er Jahre mit ihren gesamten Rebflächen ausgetreten und haben »ihr eigenes Weingut« aus der Taufe gehoben. Sicherlich kein ganz einfacher Schritt in einer traditionell geprägten schwäbischen Weinbaugemeinde.

Furioser Start

Der erste Wein wurde in der provisorisch eingerichteten Garage ausgebaut – und war gleich ein Riesenerfolg. Der »Einstandsjahrgang« wurde in mehreren Weinführern sehr positiv bewertet und zum Beispiel im »Gault Millau« auf Anhieb aufgenommen. Seit dem werden die Bewertungen von Jahr zu Jahr besser – das Weingut Beurer zählt heute zu den Spitzengütern in Baden-Württemberg und genießt auch national inzwischen ein sehr hohes Ansehen.

So zählte »Der Feinschmecker« Jochen Beurer zu den acht Newcomern des Jahres 2000. Die Fachzeitschrift »Selection

das Forum für Genießer« führt mit 900 Spitzenweißweinen aus aller Welt den Internationalen Premium-Weißweinwettbewerb 2003 durch. Sein 2001er Grauburgunder Qualitätswein Barrique wurde mit fünf Sternen bewertet und von der Jury als bester Wein Württembergs in diesem Wettbewerb auserkoren. Unter den Weißweinerzeugern Deutschlands hat sich das Weingut einen Spitzenplatz erarbeitet, der ambitionierte junge Winzer wird als Riesling-Spezialist hoch gelobt.

Der Grundstein des Erfolges

Das A und O eines guten Weines liegt natürlich in der Arbeit im Weinberg, nur was hier an Mühe und Kraft investiert wird, kann man später im Weinglas wiederfinden.

Die Grundlagen im Remstal sind für große Weißweine hervorragend; die klimatischen Verhältnisse passen und die Bö-

Weinempfehlung

Baramundi in Kokos-Chilisoße

2001 Grüner Veltliner,
Rosenberg, Reserve, trocken
Bernhart Ott, Donauland, Österreich

Die Farbe ist ein helles strohgelb, mit grünlichen Reflexen Der Wein bietet eine süße Trockenfruchtaromatik, Melone, Apfel, weißer Pfeffer, Kokos, Mandel.
Im Mund: Zitrusaromen, konzentrierte Frucht, trotz seiner Kraft und Fülle entbehrt er nicht einer gewissen Eleganz und den Alkohol steckt der Grüne Veltlinger spielend weg.

2003 Riesling,
Stettener Häder
Weingut Beurer

Der Riesling ist in der Farbe brillant, ein helles strohgelb. Typische Mineralität. In der Nase Aromen von Aprikose, Pfirsich, Grapefruit, blumig.
Im Mund schlank, mit feinrassig eingebundener Säure. Dienliche Restsüße und ein mittlerer Abgang.

den sind optimal: Schilfsandstein, Keuper, Kieselsandstein und Gips, geben dem Wein Eleganz und eine ausgeprägte Mineralisierung mit auf den Weg. Abgesehen davon entwickelt das Weingut Beurer seinen eigenen Weg exzellente Weine zu machen. Man setzt konsequent auf naturnahen Anbau. Die Weinberge werden begrünt, es wird kaum Dünger eingesetzt und um die Qualität der Trauben zu steigern, werden die Reben bis kurz vor der Lese ständig zurückgeschnitten. Das Lesegut wird abschließend streng selektiert.

»Eigensinnige Weine…«

Im Keller dann gibt Jochen Beurer seinen Weinen den letzten Schliff. Er setzt keine Reinzuchthefe zu, seine Weine werden ausschließlich mit weinbergseeigener Hefe vergoren. Und er lässt seinen Weinen Zeit – in seinen neu gebauten kühlen Kellern vollzieht sich der Gärprozess langsam und dauert recht lange – bis in den Sommer hinein. Die Weine werden dann erst sehr spät abgefüllt.

Was sich da in den Flaschen findet sind laut Jochen Beurer »eigensinnige Weine«: Trotz einem nominell hohen Alkoholgehalt, wirken die Weine sehr leicht und elegant, frisch und fruchtig – man trinkt gerne weiter, seine Weine regen dazu an. Der junge Winzer will einem Riesling auch solche Seiten abgewinnen, die man nicht unbedingt erwartet, die Weine sollen aus dem bekannten Schema ausscheren, sollen den Genießer überraschen.

Von seinen Qualitäten hat er inzwischen Rolf Straubinger und Klaus Schurr von der Burg Staufeneck überzeugt, ebenso Vincent Klink auf seiner Wielandshöhe, Bareiss in Baiersbronn und den Sommelier der Speisemeisterei…

Weingut und Spezialitätenbrennerei Beurer

Rebfläche: 6 Hektar

Durchschnittsertrag: 55–70 kg/Ar

Jahresproduktion: 45 Tsd. Flaschen

Boden: Sandsteinböden, Keuperschichten

Rebsorten: 50 % Riesling, 25 % andere Weißweinsorten, 25 % verschiedene Rotweinsorten

Beste Lagen: Stettener Pulvermächer, Stettener Häder

Karamelisierter Zitronengrasflan…

2003 Gewürztraminer Spätlese
Weingut Beurer

Die Gewürztraminer Auslese hat in der Farbe ein helles Goldgelb.
Ein schönes, würziges und typisches Sortenbukett.
In der Nase: Veilchen, Brioche, Muskat.
Am Gaumen dann eine eher verhaltene Süße, gute Säure,

Man schmeckt Aromen von Früchtetee.
eine eher schlanke und lebendige Auslese.
Abgang mit feinen Bitternoten.

Sushi

Katsumi Hinohara, Senior Chief Cook / Production Manager der Sushi Factory
Überarbeitung und teilweise Übersetzung: Sushi Factory

Einführung

In Japan kennt und liebt man es bereits seit dem 15. Jahrhundert – im ansonsten eher auf fettiges Fast-Food ausgerichteten Amerika schwören mittlerweile immer mehr gesundheitsbewusste Feinschmecker darauf. Und auch in Europa erfreut es sich stetig wachsender Beliebtheit, wenn gleich einige den Kostbarkeiten noch eher skeptisch gegenüber stehen.

Die Rede ist von Sushi, bei Japanern *das* Nationalgericht. In Nippon gibt es an beinahe jeder Ecke eine Sushi-Bar oder ein Restaurant, das die kleinen Reis-Fisch-Happen führt.

Die meisten Vorurteile Sushi gegenüber sind gänzlich unbegründet. Ein richtig und sauber zubereitete Sushi sind nahezu keimfrei und riechen oder schmecken nicht fischig.

Sushi ist lecker, Sushi ist gesund. Nicht umsonst ist in Japan die durchschnittliche Lebenserwartung deutlich höher als in jeder Region Europas.

Sushi enthält einen mit Fleisch vergleichbaren Nährwertanteil, jedoch bedeutend weniger Fett. Die im Fisch enthaltenen Öle besitzen einen hohen Anteil ungesättigter Fettsäuren, die helfen, Schlaganfällen und Herzinfarkten vorzubeugen.

Kulturhistorisches

Sushi ist nicht nur das beliebteste Gericht Japans, es lässt sich auch ohne weiteres als eine große Kunstform der japanischen Küche bezeichnen. Denn neben einfachen, in großen Mengen von erfahrenen Köchen schnell zubereiteten Sushi entstehen auch Meisterwerke, die geschmacklich und optisch gleichermaßen begeistern.

Doch wie kam es dazu, dass die kleinen Happen aus Reis und zumeist Fisch in Nippon derart populär sind? Warum gibt es mittlerweile Köche, die sich in jahrelanger Ausbildung ausschließlich der Zubereitung von Sushi widmen?

Um diese Fragen zu klären, müssen wir weit zurückblicken, nämlich ins Japan des 7. Jahrhunderts. Zu dieser Zeit wurde die Technik des Fisch-Pökelns von China nach Japan importiert. Dies erwies sich als sehr nützlich, da dort der Verzehr von Fleisch im Jahre 676 wegen buddhistischer Glaubensregeln offiziell durch Kaiser Temmu verboten worden war und Fisch die einzige adäquate Alternative darstellte.

Bei diesem Verfahren wurde damals lediglich der Fisch in Salz eingelegt und mit einem schweren Stein gepresst. So wurde er haltbar gemacht. Wesentlich später, nämlich im 13. Jahrhundert, entdeckten auch die Samurai den Zen-Buddhismus mit seinen Meditationen für sich und nahmen auch die damit verbundene Ernährungsweise als Teil ihrer asketischen Lebensweise an.

Im 15. Jahrhundert begann man, um den Gärungsvorgang zu beschleunigen, zusätzlich zum Salz auch Reis zum Pökeln des Fisches zu verwenden. Da dies, neben dem praktischen Effekt auch eine geschmackliche Verbesserung mit sich brachte, aß man den durch die Gärung leicht säuerlichen Reis gleich mit. Die Vorläufer des heutigen Sushi waren geboren, man spricht hier auch von nama-nari Sushi.

Die Idee, dem Reis auch Essig beizufügen, kam allerdings erst viel später auf, nämlich im 17. Jahrhundert durch den Arzt Matsumoto Yoshiichi aus Edo, dem heutigen Tokio.

Das Beifügen von Essig verkürzte nämlich die Gärungszeit auf etwa einen halben Tag und sorgte außerdem dafür, dass nicht nur der Fisch zarter, sondern auch der Geschmack verfeinert wurde. Ganz nebenbei wurde durch den Essig auch ein Großteil der eventuell vorhandenen Krankheitserreger abgetötet. Der gesäuerte, mit Fischscheiben belegte Reis wurde hierzu in kleine Holzkästen gedrückt und mit Steinen beschwert. Man spricht hier von Haya Sushi.

Die heutigen Nigiri Sushi, also Sushi auf ein Reisbällchen gepresst, entstanden erst im 19. Jahrhundert. Hier, sagt man, hatte nämlich der Fischhändler Yohei Hanaya die Idee, komplett rohes Fischfilet auf mit Essig und Salz vermischten Reis zu legen und diese Kombination in mundgerechten Stückchen zu verkaufen. Dies ist bis heute neben Maki Sushi, den in Nori-Blätter und Reis eingerollten Häppchen, die bekannteste und beliebteste Form der ebenso leckeren wie gesunden Snacks, wie sie in Sushi-Bars und Restaurants nahezu weltweit zu finden sind.

Sushi selbst gemacht

Sushi selbst herzustellen ist wie erwähnt eine Kunst für sich und nicht leicht zu erlernen. Wenn Sie aber mittlerweile Lust bekommen haben, für Ihre Gäste oder auch einfach nur zu Ihrer eigenen Freude selbst etwas aus diesem Bereich der japanischen Küche zuzubereiten, werden Ihnen die fol-

genden Abschnitte vielleicht eine kleine aber grundlegende Unterstützung bei diesem Vorhaben sein.

Vermutlich werden immer wieder Worte und Begriffe auftauchen, die Sie so nicht kennen oder es finden Zutaten und Geräte Verwendung, die in europäischen Geschäften schwer zu finden sein könnten – dagegen aber in jedem gut sortierten Asienladen einfach zu erhalten sind!
Die meisten Begriffe und Zutaten werden in den entsprechenden Abschnitten direkt definiert. Bei einigen grundlegenden Bestandteilen macht es allerdings Sinn, bereits vorab darauf einzugehen und gegebenenfalls auf Dinge hinzuweisen, die es zu beachten gilt.

Eine wichtige Zutat, die Sie im Zusammenhang mit Sushi nicht umgehen können, ist Wasabi. Wasabi ist eine japanische grüne Rettichart und ungleich schärfer im Geschmack als der hierzulande bekannte Meerrettich. Für Sushi wird er als Paste verwendet, und so ist auch hier, wenn wir von Wasabi schreiben, Wasabi-Paste gemeint.
Von dieser heißt es im Übrigen auch, dass sie bestimmte Keime abtöten kann und somit Magenverstimmungen verhindert. Dies ist gerade im Bereich Sushi sehr wichtig, da mit rohem Fisch gearbeitet wird.
So sollten Sie auch noch mehr als auf jedem anderen Gebiet auf besondere Hygiene achten. Sollten Sie während

der Zubereitung irgendetwas anderes in der Küche berühren als die Zutaten, auf jeden Fall hinterher die Hände waschen, da überall unerwartete Keime lauern können.
Auch ist es wichtig, darauf zu achten, dass der verwendete Fisch absolut frisch ist. Der Kauf von frischem Fisch, der roh verspeist werden soll, erfordert besondere Sorgfalt. Bei der Auswahl des Fisches und vorallem bei der Wahl des richtigen Händlers! Es zeigt sich, dass einige Fischverkäufer – meist in ländlichen Gebieten, wo die Infrastruktur nicht so gut ausgebaut ist – Fisch in Sushi- oder Sashimi-Qualität anbieten, dieses Versprechen allerdings nicht einlösen können. Mangelnde Erfahrung an die spezielle Anforderung in Bezug auf Qualität und Frische ist meist die Ursache. Aber man möchte sich das Geschäft mit dem trendigen Lebensmittel nicht entgehen lassen.
Erkundigen Sie sich in jedem Fall ob der Fisch sich qualitativ als Sushi-Fisch eignet. Fragen Sie nach und geben sie sich nicht mit Allgemeinplätzen zufrieden. Sie können die Qualität selbst ansatzweise überprüfen, wirklich frischer Fisch hat klare Augen. Je älter er ist, desto matter, trüber und weißlicher werden sie. Sollten Sie zu Ihrem Händler nicht 100 %iges Vertrauen haben, greifen Sie auf gekochten oder gebratenen Fisch zurück oder auf vegetarische Zutaten.
Welchen Fisch Sie für Sushi verwenden können, ist in den meisten Fällen saisonbedingt. Sehr beliebt ist auf jeden Fall Thunfisch, dessen festes rötliches Rückenfleisch sich sehr gut für *Sushi* eignet. Auch verwenden lassen sich Makrele, die meist leicht in Essig und

Salz mariniert wird, Lachs, Zander, Heilbutt, Flunder, gekochte Riesengarnelen, die für *Nigiri* in der Mitte aufgeklappt werden, Yellowtail, Krebsfleisch (für *Maki*), Tintenfisch oder auch in Brühe oder Tee gekochter Octopus.
Als Beläge oder Füllungen ohne Fisch empfehlen sich Zuckererbsenschoten, Shiitake-Pilze, Avocado-Streifen, Gurkenstreifen oder auch Tamago, eine Art süßliches Omelett, das man besser ohne Sojasauce isst.
Bei allem genannten handelt es sich nur um beliebte Beispiele, selbstverständlich gibt es noch unzählige weitere Möglichkeiten, Sushi zu belegen, zu füllen oder zu dekorieren. Im Fall von Fisch sollten Sie sich allerdings auf jeden Fall zuvor erkundigen, ob er auch wirklich sushi-tauglich ist, das heißt, ob er sich für den rohen Verzehr überhaupt eignet. In einigen Fällen ist vom rohen Verzehr nämlich auch aus gesundheitlichen Gründen dringend abzuraten.

Der richtige Reis

Dass Reis einen der Hauptbestandteile jedes *Sushi* darstellt, ist klar. Deshalb sollten Sie sich auch, vor allem Anderen, zunächst mit dessen Zubereitung auseinandersetzen.

Es ist zu erwähnen, dass nicht jeder Reis für *Sushi* verwendet werden kann, da bestimmte Eigenschaften sehr wichtig sind. Der falsche Reis kann beispielsweise dazu führen, dass das *Sushi* auseinander fällt oder sogar einen unerwünschten Geschmack annimmt.
Um dies zu vermeiden, folgt ein kleiner Ratgeber, welchen Reis Sie am besten verwenden sollten und welcher eher ungeeignet ist.

Kriterium Nummer Eins bei der Auswahl sollte zunächst sein, dass der Reis klebt. Nichtklebender Reis ist für die Zubereitung von Sushi, egal welcher Art, gänzlich ungeeignet. In sofern scheidet Naturreis von vornherein aus, ebenso Basmati- und jede andere Form von Langkornreis, da sich diese Sorten nicht richtig formen lassen.

Sushi-Reis muss also rundkörnig sein. Außerdem sollte er nach dem Kochen eine gewisse Bissfestigkeit behalten. Polierter asiatischer Rundkornreis, auch bekannt als *Kome* oder *Nishiki*, ist in jedem Asienladen erhältlich. Dieser eignet sich für die *Sushi*-Zubereitung hervorragend, da er alle relevanten Eigenschaften besitzt.

Natürlich können Sie auch ohne weiteres italienischen oder kalifornischen Rundkornreis verwenden, aber selbstverständlich vermitteln original asiatische Zutaten bereits beim Einkauf und der Zubereitung ein viel unmittelbareres Japan-Gefühl…

Die Zubereitung

In nahezu jedem japanischen Haushalt findet sich heutzutage ein elektrischer Reiskocher, da Reis einen hohen Stellenwert in der dortigen Esskultur einnimmt und die Zubereitung auf diese Weise deutlich vereinfacht wird.

Reis richtig zuzubereiten ist nicht so einfach, wie es für den ungeübten Europäer erscheinen mag. Tatsächlich verhält es sich so, dass die richtige Zubereitung von Reis und die Beurteilung seiner Qualität und Verwendbarkeit einen großen Teil der Ausbildung japanischer Köche ausmacht.

Hier verwenden wir keinen Reiskocher, sondern einen schweren, möglichst breiten Kochtopf. Das hat den Grund, dass vermutlich die Wenigsten einen Reiskocher zu Hause haben werden.

Aus folgenden Zutaten lassen sich etwa 6 bis 7 *Maki*-Rollen herstellen (jeweils 6 *Maki*), beziehungsweise etwa 20 bis 25 *Nigiri*:

- 1 ½ Tassen ungekochter Reis
- etwa 2 Tassen Wasser
- 1 Esslöffel Zucker
- ½ Esslöffel Salz
- 2 Esslöffel Reisessig

Geräte:

- einen Sieb für den Reis
- ein großer, möglichst breiter Topf
- eine Holzschale (In Japan verwendet man einen Bottich aus Zedernholz, der sich *Hangiri* nennt)
- einen Bambus- oder Holzlöffel
- ein Geschirrtuch oder ähnliches
- einen Fächer

Zubereitung:

Waschen Sie den Reis in einem Sieb unter fließendem kaltem Wasser, bis das durchgespülte Wasser klar bleibt. Lassen Sie den Reis danach abtropfen und etwa eine Stunde quellen.

Füllen Sie den Reis in den Topf und geben Sie das Wasser hinzu. Kurz aufkochen lassen, dann etwa 5 Minuten bei mittlerer Hitze weiterkochen, bis das Wasser weitestgehend aufgesogen ist.

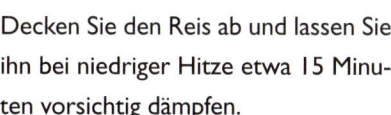

Decken Sie den Reis ab und lassen Sie ihn bei niedriger Hitze etwa 15 Minuten vorsichtig dämpfen.

Sobald er gar ist, legen Sie ein Geschirrtuch über den Topf und lassen ihn weitere 10 bis 15 Minuten kühlen.

Bereiten Sie inzwischen die Essig-Würzmischung vor. Hierzu lösen Sie einfach den Zucker und das Salz vollständig im Reisessig auf.

Spülen Sie nun die Holzschüssel kalt aus. Füllen Sie dann den abgekühlten, aber noch warmen Reis in die Schüssel und verteilen Sie die Essig-Würzmischung darauf.
Ziehen Sie zum Durchmischen sehr vorsichtig Furchen durch den Reis, aber rühren Sie ihn auf keinen Fall um, da er sonst zerquetscht wird.

Nun ist es wichtig, dass der Reis möglichst schnell abkühlt. Sie können hierzu, wie in Japan üblich, einen Fächer benutzen. Während des Kühlens sollten Sie den Reis öfters wenden, damit möglichst viel Feuchtigkeit verdunstet und die Reiskörner hinterher perlenähnlich glänzen. Auch hier gilt wieder: Auf keinen Fall rühren und auch nicht in den Kühlschrank stellen, denn dann wird der Reis hart und unbrauchbar. Zum Verarbeiten sollte der Reis Körpertemperatur haben.

Nigiri Sushi

Zu den beliebtesten und außerhalb Japans wohl auch bekanntesten Arten zählen die *Nigiri Sushi*. Hierbei handelt es sich, wie bereits zuvor beschrieben, um Fisch- oder auch Gemüsescheiben, die sanft auf Reisbällchen gedrückt sind. Exakt übersetzt bedeutet »Nigiri« übrigens »Griff« oder auch »Handvoll«, bzw. »drücken«. Dies deutet bereits an, dass *Nigiri Sushi* traditionell mit der Hand geformt und zusammengedrückt werden.
Diese Art von *Sushi* wird übrigens grundsätzlich paarweise serviert. Einzeln oder gar in Dreierportionen servierte *Nigiri Sushi* wären eine eher unglückliche Angelegenheit. Diese Regel ergibt sich aus einer Art japanischem Wortspiel. So kann der japanische Ausdruck für »eine Scheibe«, nämlich »*hito kire*«, gleichfalls »jemanden umbringen« bedeuten. Der Ausdruck »*mi kire*«, also »drei Scheiben«, lässt sich wiederum auch als »sich umbringen« auslegen. Verständlich also, dass man sich in Japan auf die harmlose Zweier-Regel festgelegt hat.

Maki Sushi

Maki Sushi sind eine weitere sehr beliebte Sushi-Art. »Maki« bedeutet soviel wie »Rolle«. Diese Rolle besteht aus einem *Nori*-Blatt, Reis und einer Füllung, deren Auswahl eigentlich sehr stark dem jeweiligen Koch selbst überlassen ist, denn *Maki Sushi* ist wohl der Bereich, in dem der Phantasie des *Sushi*-Kochs die wenigsten Grenzen vorgegeben sind. Als Füllung lässt sich so ziemlich alles verwenden, was im Bereich des Möglichen liegt, und so sind auch in einigen *Sushi* Bars diverse hauseigene *Maki*-Kreationen anzutreffen.
Bei *Nori* handelt es sich um Purpurtang, eine Algenart, die vor den Küsten Japans beheimatet ist. *Nori* werden in gepresster, getrockneter Form verkauft, und zwar im allgemeinen im Format 22,5 x 17,5 cm. Ein solches Blatt wird entweder ganz verwendet (für dicke *Sushi*-Rollen) oder halbiert (für dünne Rollen). Vor der Verarbeitung sollten *Nori* auf jeden Fall geröstet werden. Ungeröstete *Nori* schmecken zu stark nach Algen und nehmen nach der Verarbeitung eine nahezu ungenießbare Konsistenz an. In den meisten Asienläden werden allerdings für den Hausgebrauch ohnehin nur noch vorgeröstete *Nori* angeboten.

Zubereitung von *Maki Sushi*
(dünn, 6 Stück)

Zutaten

- ein halbes Nori-Blatt
- etwa 70g fertig zubereiteter Sushi-Reis
- Füllung nach jeweiliger Rezeptvorgabe oder nach Geschmack, meistens handelt es sich um lange Streifen der jeweiligen Zutaten.
- je nach Geschmack etwas Wasabi
- eine Schale Reisessig-Wasser-Lösung

Geräte

- eine Bambus-Rollmatte (erhältlich in Asien-Läden)
- ein scharfes Messer
- ein Tuch, in Reisessig getränkt

Legen Sie das halbierte *Nori*-Blatt auf die Bambus-Rollmatte. Tauchen Sie nun die Finger in die Essig-Wasser-Lösung und bestreichen Sie das *Nori*-Blatt gleichmäßig mit einer etwa 1 cm dicken Schicht Reis. Lassen Sie hierbei am oberen Rand des Blattes etwa 1 cm Platz. Achten Sie darauf, den Reis nicht zu quetschen oder anzudrücken, da er hierbei kaputt gehen könnte und eine zu fest gedrückte Reisschicht außerdem später zu Problemen beim Rollen führen kann.

Drücken Sie nun vorsichtig eine Rille in die Mitte der Reisschicht und legen Sie die Füllung dort hinein. Achten Sie darauf, dass der Reis und die Zutaten etwa Körpertemperatur haben. Sonst wird die Rolle später mit großer Wahrscheinlichkeit nicht zusammenhalten. Je nach Geschmack können Sie auch vor dem Auflegen der Füllung an der entsprechenden Stelle etwas Wasabi auf den Reis streichen. Vorsicht hierbei, denn Wasabi ist sehr, sehr scharf!

Der nun folgende Teil wird nicht gerade einfach werden, denn nun geht es darum, aus dem Ganzen eine Rolle zu formen. Heben Sie hierzu die Matte an einem Ende an und rollen Sie sie schnell und mit festem Druck nach oben hin auf. Achten Sie hierbei auf jeden Fall darauf, die Bambusmatte nicht mit einzurollen und halten Sie die Füllung mit den Fingern fest, damit sie beim Hochrollen nicht herausfällt.

Pressen Sie nun die Rolle mit beiden Händen noch einmal fest zusammen und drücken Sie die Füllung, die an den Enden leicht überstehen sollte, fest an. Haben Sie die Rolle auf diese Weise komprimiert, lösen Sie die Bambusmatte. Für den Fall, dass sich das *Nori*-Blatt lösen sollte, bietet es sich an, das Ende mit einer hauchdünnen Schicht Wasabi oder aber auch mit sechs zerdrückten, gleichmäßig gesetzten Reiskörnern zu fixieren.

Wischen Sie das Messer mit dem essiggetränkten Tuch ab. Legen Sie nun die Rolle waagerecht vor sich und schneiden Sie sie in sechs Teile. Traditionell wird zunächst ein Schnitt durch die Mitte der Rolle gemacht, danach werden die beiden Hälften jeweils in drei gleichgroße Röllchen geschnitten.

Sashimi

Sashimi sind hierzulande weit weniger bekannt und populär als *Sushi*, und doch ist das, was *Sashimi* ausmacht, das Erste, woran ein Laie beim Begriff *Sushi* vermutlich denkt: Roher Fisch. Streng genommen fallen *Sashimi* gar nicht in die gleiche Kategorie, denn bei *Sushi* ist der wichtigste Bestandteil nicht Fisch, sondern Reis. Es existieren sogar einige Variationen, die ganz ohne Fisch auskommen.

Auch die Zubereitung von *Sashimi*-Scheiben ist komplett anderst, denn wo beispielsweise die meisten Beläge von *Nigiri Sushi* aus dem fertigen Filet geschnitten werden, muss hier bereits beim Abschneiden darauf geachtet werden, dass die Scheiben eine gewisse Form haben, die meist sehr dünn und dreieckig ausfällt. Dabei ist hohes Können in der Kunst des japanischen Fischschneidens erforderlich. *Sashimi* werden traditionell mit leichten Gemüsesorten serviert, wie zum Beispiel Gurke, *Wasabi* oder Avocado, also etwa den gleichen Sorten, die auch bei *Sushi* Verwendung finden. Auch *Sashimi* werden im Normalfall mit Sojasoße gegessen, in die sie kurz eingetaucht werden. Da diese japanische Spezialität komplett ohne den konservierenden Essig-Reis auskommen muss, sollten *Sashimi* am besten direkt nach der Zubereitung verzehrt werden.

Sushi essen in Gesellschaft

Für den richtigen Feinschliff eines authentischen *Sushi*-Essens fehlen noch ein paar Dinge, die Sie beim Servieren und dem späteren Verzehr nicht außer Acht lassen sollten.

Traditionell ist es üblich, *Sushi* mit der schönen Seite zum Gast, etwa auf einem Holzbrett oder Lacktablett, zu servieren, und zwar von »links oben« nach »rechts unten«, so dass der Gast sie mit den Stäbchen bequem greifen kann.

Bei der Zusammenstellung eines *Sushi*-Menüs sollte darauf geachtet werden, die *Sushi* nicht einfach nur auf das Tablett zu packen, sondern beispielsweise durch farbliche Anordnungen oder kunstvolle Dekorationen mit Gemüse ein ansprechendes Gesamtbild zu schaffen. Denken Sie auch hier wieder an die Regel, dass *Nigiri Sushi* immer paarweise und auch andere Sorten lieber nicht einzeln serviert werden sollten. Pro Person empfehlen wir etwa acht *Sushi* einzuplanen.

Wer mit dem Gebrauch von Stäbchen ungeübt ist, den können wir beruhigen. In Japan ist es üblich, *Sushi* mit den Fingern zu verzehren. Zwar gibt es beim Essen mit Stäbchen die Möglichkeit, besonders große Exemplare, wie beispielsweise *Futo Maki,* eine Art besonders große *Maki,* mit den Stäbchen zu zerteilen. Das ist aber eher unüblich, sie sollten also keine Scheu haben, auch große Happen im Ganzen zu verspeisen.

Sushi werden traditionell mit den folgenden drei Beilagen gereicht: Einem Schälchen Sojasauce, *Wasabi* und einem Schälchen *Gari,* speziell eingelegten Ingwer-Blättchen, die in Asienläden zu bekommen sind. Die Sojasauce lässt sich bei Bedarf mit etwas *Wasabi* vermengen, aber auch hier gilt, die Schärfe des Grünen Rettichs nicht zu unterschätzen. Im Allgemeinen sollte die Sojasauce sparsam verwendet werden.

Nigiri Sushi werden grundsätzlich mit der Fisch-Seite eingetaucht, nie mit der Reis-Seite. Dies hat den Grund, dass Reis zuviel Sauce aufsaugt und so den Eigengeschmack überdeckt. Außerdem hat ein in Sauce getränktes Reisbällchen eine starke Neigung zum Zerfallen, was als ziemlich peinlich gilt.

Gari-Blättchen dienen dazu den Mund zu reinigen und den Geschmack zu neutralisieren. Sie werden nach jedem Bissen verzehrt, allerdings ist dies nicht traditionell verpflichtend und mittler-

weile eher Geschmackssache. Wer gerne Stäbchen verwenden möchte, dem seien die folgenden Tipps mit auf den Weg gegeben.

Verwenden Sie Stäbchen ausschließlich zum Essen! Vermeiden Sie auf jeden Fall, Dinge damit zu bewegen, die nicht unmittelbar zu Ihrer Mahlzeit gehören. Auch wird es in Japan als äußerst unhöflich bewertet, mit den Stäbchen auf Dinge oder – noch unhöflicher – auf Personen zu zeigen.

Vermeiden Sie auch auf jeden Fall, beispielsweise Suppenschälchen mit der Hand anzuheben, in der Sie noch die Stäbchen halten. Auch sollten Sie nicht die Stäbchen in den Reis stecken oder etwas mit ihnen weiter reichen. Beides sind in ähnlicher Form Bestandteile buddhistischer Begräbniszeremonien. Sollten Sie die Stäbchen zwischenzeitlich nicht benötigen, legen Sie sie einfach mit der dünnen Seite nach links auf ein dafür vorgesehenes Stäbchenbänkchen oder, falls Sie etwas in der Art nicht verfügbar haben, einfach auf den oberen Tellerrand. Bei Einweg-Stäbchen lässt sich auch die Papierhülle, in geknoteter Form, sehr gut als Ablage verwendein. Die Stäbchen sollten nach dem Gebrauch übrigens wieder in die Hülle gesteckt werden.

Wenn Sie gern mehr servieren möchten als *Sushi*-Häppchen, dann empfiehlt sich hier traditionell eine *Miso*-Suppe. die mit Hilfe einer speziellen *Miso*-Paste hergestellt wird. Suppen dürfen übrigens geschlürft werden. Dies mag hier verwunderlich erscheinen, ist in Japan aber durchaus üblich und sollte auch so gemacht werden. Allerdings ist auch dort darauf zu achten, dass Suppen und Nudeln wirklich die einzigen

Dinge sind, die geschlürft werden. Bei allen anderen Gerichten gälte ein solches Verhalten auch in Japan in der Tat als höchst verwunderlich und unfein.

Wenn es um Getränke geht, servieren Sie zu *Sushi* am besten japanischen Grünen Tee. Dieser wird aus der gleichen Pflanze hergestellt wie Schwarzer Tee und hat ebenfalls eine belebende Wirkung. Allerdings macht er nicht unruhig, wie es oft bei Schwarzem Tee der Fall ist, sondern wirkt sanfter und über einen längeren Zeitraum. Weiter ist Grüner Tee auch sehr gesund und gilt beispielsweise als erkältungsvorbeugend.

Natürlich können Sie auch andere typisch japanische Getränke reichen, wie japanischen Reiswein, den man *Sake* nennt und der in Japan äußerst beliebt und mit vielen Traditionen verbunden ist. Trockener Weißwein lässt sich allerdings ebenso gut reichen. Auch japanische Biere wie *Kirin,* das süßlichere *Asahi* oder *Sapporo,* das geschmacklich am ehesten deutschem Bier ähnelt, eignen sich hervorragend.

Achten Sie hier auf jeden Fall darauf, dass Sie sich möglichst niemals selbst etwas eingießen. So ist es zum Beispiel eher üblich, sich Bier oder Sake gegenseitig einzuschenken, denn wie auch in den meisten anderen Bereichen der japanischen Ess- und Trink-Kultur gilt: »Denke immer zuerst daran, dass es den Anderen gut geht«.

In diesem Sinne hoffen wir, Ihnen ein paar Anregungen gegeben zu haben. Wir wünschen Ihnen viel Freude beim Ausprobieren und geben Ihnen noch einen letzten Tipp mit auf den Weg: Essen Sie mehr *Sushi* – es lohnt sich!

Frühling

Rouget Barbe mit Kartoffelschuppen
auf Erbsenvinaigrette mit Salatherzen
und Bacon

Seezungenroulade mit Morchelrahm
auf gedämpfter Brunnenkresse

Kabeljau mit Spargel und Frühjahrs-
kräutern im Pergamentpapier

Falsche Mozartkugeln mit Erdbeer-
Pfeffer-Süppchen und Eis von
reduzierter Landmilch

Rouget Barbe mit Kartoffelschuppen auf Erbsenvinaigrette mit Salatherzen und Bacon

Rouget Barbe

4 Rotbarbenfilets à 60 g

mit Schwanzsegmenten

4 Salatherzen, geviertelt

100 g blanchierte, enthülste Erbsen

40 g blanchierte Speckstreifen

1 Schalotte in feinen Würfeln

(Brunoise), blanchiert

12 kleine Minzblätter

pro Rotbarbenfilet etwa

40 ausgestochene Kartoffelschuppen

blanchiert

1 EL angerührtes Tempuramehl

Kartoffel-Vinaigrette (für 0,15 l)

7 cl Kartoffelfond

4 cl weißer Essig

4 cl Olivenöl

Salz, Pfeffer

reduzierter Balsamico als Garnitur

Rouget Barbe

Mit einem Ring (Ø etwa einen Zentimeter) rohe, hauchdünne Kartoffelscheiben ausstechen. Kurz blanchieren, nicht abschrecken.

Rotbarbenfilets hauchdünn mit dem angerührten Tempuramehl einstreichen (Hautseite) und mit den Kartoffelschuppen belegen.

In der Teflonpfanne knusprig herausbraten.

Salatherzen vierteln, Strunk entfernen, Herzen mit Olivenöl in der Teflonpfanne braten, Salatblätter dürfen Farbe annehmen. Mit Salz und Pfeffer würzen und mit etwas Kartoffelvinaigrette marinieren.

Erbsenvinaigrette

Speckstreifen, Schalotten Brunoise und Erbsen mit der restlichen Kartoffelvinaigrette marinieren (lauwarm) und abschmecken.

Rotbarben auf Salatherzen und der Erbsenvinaigrette anrichten, mit Minzblättern und reduziertem Balsamicoessig ausgarnieren.

Seezungenroulade mit Morchelrahm auf gedämpfter Brunnenkresse

Seezungenroulade

2 Seezungenfilets einer bretoni-
schen 700g-Seezunge

6 Stück Morcheln gefüllt mit

grüner Fischfarce kurz pochiert

50g fertige Fischfarce

1 Bund geputzte Brunnenkresse

hauchdünne Karottenstreifen

blanchiert

Morchelrahm

15g getrocknete Spitzmorcheln

(eingeweicht), bzw. 6–8 kleine

Morcheln pro Person

50g Butter

0,1l Sherry

0,1l Madeira

0,4l Geflügelfond

0,15l Crème Double

Fischfarce

300g Zanderwürfel, leicht angefro-
ren

1 Vollei

0,3l Sahne

Meersalz

Seezungenroulade

Seezungenfilet plattieren. Mit Meersalz und Pfeffer leicht würzen und mit der weißen Fischfarce hauchdünn be-streichen. Die Karottenstreifen auflegen und mit den ge-füllten Morcheln einrollen. (Kochschule Seite 26)

Die Rollen mit einem scharfen Messer halbieren und bei 75°C in den Heißluftofen mit etwas Fond und der Folie abgedeckt 25 Minuten garen. Kerntemperatur 43°C.

Morchelrahm

Morcheln in einer Sauteuse mit Butter anschwitzen und würzen. Mit Sherry und Madeira ablöschen und auf die Hälfte reduzieren.

Geflügelfond auffüllen und auf etwa 6 – 8 cl reduzieren. Die Morcheln passieren und warm stellen.

Den reduzierten Fond mit Crème Double auffüllen und ziehen lassen. Kurz aufmixen und die Morcheln wieder dazu geben.

gedämpfte Brunnenkresse

Brunnenkresse in Butter andünsten und abschmecken.

Fischfarce

Angefrorene Fischstücke würzen und mit dem Vollei im Mixer etwa 30 Sekunden anmixen.

Die Sahne nach und nach zugeben, bis eine homogene Masse entsteht. Die Menge der Sahne ist unterschiedlich. Je nach Konsistenz des Fisches kann die Masse mehr oder weniger Sahne aufnehmen.

Kabeljau mit Spargel und Frühlingskräutern im Pergamentpapier

Kabeljau

4 Mittelstücke vom Kabeljau

à 90–100 g

2 weiße Spargel geschält und dünn

geschnitten

2 grüne Spargel geschält und dünn

geschnitten

50 g Pesto

8 cl Olivenöl

8 cl Spargelfond weiß

Zitronensaft

Frühlingskräuter nach Angebot

(z.B. Kerbel, Estragon, Blattpetersilie,

roter Basilikum, grüner Basilikum)

Meersalz, Pfeffer

Zitronenabrieb

Tipp aus der Küche…
Kabeljau gibt es in der
besten Qualität im März
und April.
»Skrei« ist ein Wanderka-
beljau von den Lofoten.

Kabeljau

Das Pergamentpapier auf etwa 60 x 60 cm zurecht-
schneiden. Die untere Hälfte des Papiers mit dem geschnittenen Spargel belegen.

Den Kabeljau mit Meersalz, Pfeffer Zitronensaft und
Pesto marinieren und auf die Spargel setzen.

Mit Olivenöl und Spargel beträufeln und den Kabeljau
mit Kräutern belegen.

Das Pergamentpapier verschließen und mit der Bastschnur zubinden.

Dann für etwa 12–14 Minuten bei 18 °C im Heißluftofen
garen. Sofort servieren. [Kochschule Seite 30]

Falsche Mozartkugeln mit Erdbeer-Pfeffer Süppchen und Eis von reduzierter Landmilch

Grießmasse

125 g Grieß
½ l Milch
125 g Butter
1 Vanille Stange
100 g Vollei
80 g Zucker

Füllung

40 g Pistazienpulver
100 g Marzipan
40 g Nougat

Erdbeersüppchen

350 g Erdbeeren
(davon 100 g zur Dekoration)
50 ml Grand Marnier
100 g Zucker
2 Blatt Gelatine
1 Prise Szechuan Pfeffer
0,1 l leichter Rotwein

Landmilcheis

1,5 l Milch
70 g Zucker

Grießmasse

Milch, Butter und Vanillemark zusammen aufkochen und den Grieß dazugeben.

Eine Minute auf dem Herd trocknen lassen. Unter ständigem Rühren Vollei dazugeben.

Aus dem Topf nehmen und mit einer Folie bedeckt auskühlen lassen.

Füllung

Marzipan und Pistazien gut verkneten. Daraus dann zwölf Kugeln formen und die Nougatstücke als Kern hineingeben. (Kochschule Seite 32)

Erdbeersüppchen

Zucker karamelisieren und mit Rotwein und Grand
Marnier ablöschen. Mit Pfeffer würzen.

Gelatine in kaltem Wasser einweichen, ausdrücken und
in der Flüssigkeit auflösen.

Die geschnittenen Erdbeeren (250g) eine halbe Minute
in die Soße blanchieren. Beides abkühlen lassen.

Den Rest der Erdbeeren zum anrichten verwenden.

Landmilcheis

Die Milch vorsichtig auf einen halben Liter reduzieren,
Zucker dazugeben und in die Eismaschine geben.

Alpina

Autos und Wein

Dem »semiprofesionellen« Weinliebhaber ist Alpina ein Begriff, aber es gibt bestimmt noch eine Vielzahl von Weintrinkern, die bei Alpina zuerst an schnelle Autos denken. Und so weit daneben liegen sie damit gar nicht – was mancher nicht weiß: der Automobilhersteller und der Weinspezialist, dahinter steckt der gleiche Kopf: Burkard Bovensiepen.
Ein findiger Mann, der oft abseits der üblichen Wege geht, und das meist sehr erfolgreich.
So ist Alpina zwar ein eingetragener und erfolgreicher Automobilhersteller, aber weit entfernt vom klassischen Bild der großen Konzerne.
Beim Wein genauso: Burkard Bovensiepen kauft und verkauft zwar Wein – und deutlich mehr als die meisten anderen, die sich Weinhändler nennen – aber er behauptet von sich selbst, dass er Weine nicht handelt, sondern *handled*.

Große Weine…

Das Konzept von Alpina geht weit über das eines einfachen Weinhändlers hinaus. Burkard Bovensiepen kaufte schon Weine in Italien ein, als diese hier noch nicht *en vogue* waren. Heute sind das große Namen und bekannte Weine, und es waren auch einige »Entdeckungen« dabei.
Burkard Bovensiepen versteht sich nun nicht als klassischer Händler, der seine Ware schnellstmöglich weiterverkauft, sondern Alpina sammelt diese önologischen Schätze – manchmal auch über Jahrzehnte: *»ALPINA ist ein Weininvest-*

ment, das heißt, wir kaufen große Weine zum frühestmöglichen (und hoffentlich günstigsten) Zeitpunkt und lagern ihn dann zunächst einmal ein. Wein wird bei uns also ›gehandled‹ und nicht gehandelt. Jeder einzelne Wein (immerhin fast 7.000 Positionen) wird permanent analysiert, je nach Trinkreife und Marktsituation zum Verkauf freigegeben oder eben noch weiter eingelagert. Wir kalkulieren dabei marktübliche Preise und halten uns beim Ver-

Weinempfehlung

Rouget Barbe…

2001 Pinot blanc, trocken
Weingut Diel

Helles goldgelb. Eine wunderbare verhaltene, harmonisch ausbalanciert Nase, in der nichts hervorsticht, in der sich Aromen von Vanille, Nuss, feinem hellem Obstkompott zu einem Ganzen verbinden. Am Gaumen eine grosse, mollige Fülle und ein beeindruckender Reichtum der nuancierten Aromen: süsse Aprikose, Nuss und Schokolade. Guter langer Abgang. Barriqueausbau. 13,5 % vol. Alkohol.

Seezungenroulade…

1999 Chablis Mont de Milieu
Domaine Billaud-Simon, Chablis
Alpina

Diese traditionsreiche Domäne verfügt über einen beträchtlichen Weinbergbesitz in den besten Premier Cru und Grand Cru Lagen von Chablis. Bernard Billaud, ein sehr besonnener und nachdenklicher Mensch, hat die Vinifizierung ebenso wie den Ausbau im Edelstahltank im Laufe der Zeit immer weiter perfektioniert.

spiellose Jahrgangstiefe, bei Spitzenbordeaux beispielsweise von bis zu 20 Jahrgängen… Hier schlummern weit über 1 Million Flaschen in aller Ruhe ihrer Trinkreife entgegen, etliche aus den Achtziger und Neunziger Jahren des letzten Jahrhunderts.«

Große Namen – adäquate Preise

Hier sind Weinliebhaber und -kenner am Werk. Ein Sortiment von solcher Qualität und Jahrgangstiefe findet man so schnell nirgendwo. Und so wie man sich Italien erschlossen hat, ist man auch in Frankreich, Kalifornien, Chile schon immer einer der ersten gewesen, wenn es darum ging »neue« Winzer aufzutun oder Trends zu erspüren – immer vorne mit dabei. Ein bißchen so wie im Automobil Rennsport.

Die Liebe zum Wein und die Kompetenz zeigt sich auch daran, wie der grafisch einfache Katalog der Weinspezialisten aus Buchloe gemacht ist. Nicht einfach eine Preisliste, sondern ein dickes Heft mit vielen Background-Informationen zu Wein, Winzer und Region versehen.

Ein Lesevergnügen schon beim ersten Durchblättern, wer da keine Lust bekommt auch den einen oder anderen Wein zu bestellen…

Dass große Namen nicht automatisch auch große Preis bedeuten, illustriert eine kleine Anekdote: ALDI annonciert einen 2001er Château Cantemerle, eines bekannten guten Cru Classé aus dem Haut-Médoc (90 Punkte vergibt Parker!) zu sage und schreibe 19,90 – bei Alpina kostet der 2001er Cantemerle dagegen nur 18,90.

kauf von Raritäten bewußt zurück – auch wenn dies manchmal schwerfällt!«

Wer sein Geschäft über Jahrzehnte so betreibt, bekommt fast zwangsläufig eine ungeheure Menge an Wein zusammen. Gepaart mit dem nötigen Sachverstand ergibt sich bei Alpina allerdings eine Kollektion, die es wahrscheinlich nirgendwo sonst gibt: *»So entstand im Laufe der Jahre eine bei-*

Seine Weine können heute als Referenz gelten – sie zeigen die für Chablis ganz typische feine Mineralik und eine brillante, kristallklare Frucht.

Was Herr Bernard Billaud aber durch seinen vorsichtigen Einsatz mit Barrique-Fässern bei den Cuvée Vieilles Vignes erreicht hat, ist sensationell.

In der Farbe besticht er durch seine Brillanz, ein helles sonnengelb.

Der Wein ist von mittlerer Viskosität.

In der Nase hat man zuerst Toastaromatik, reife Ananas, Banane, leichte Exotik, weißer Pfeffer, Mineralien, Gewürze und Honig.

Im Mund bestätigen sich dann diese Aromen. Der 1999er Chablis Mont de Milieu wirkt trotz seines dichten Körpers nicht breit im Mund. Dieses feine Säurespiel werden Sie genießen.

Langer Abgang mit leichter Bitternote.

Vielschichtig, dicht und kompakt.

Dieser Wein macht Spass, mit tollem Sortencharakter und einem langen Nachhall.

Weingut Schloss Proschwitz

Ein Weingut mit wechselvoller Geschichte

Die Geschichte von Schloss Proschwitz geht weit zurück – bis ins 12. Jahrhundert – und ist äußerst wechselvoll. Sachsen war ein mächtiges Land im Deutschen Reich, es lag im Herzen Europas und wurde von einem starken Fürstenhaus regiert. Unter August dem Starken kamen die Vorfahren des heutigen Besitzers, Georg Prinz von Lippe hierher und betreiben mit »kurzen« Unterbrechungen Weinbau.

Schloss Proschwitz liegt über dem Elbtal gegenüber von Meissen. Diese mittelalterliche Stadt war einst Hauptstadt von Sachsen und Bischofssitz. Bekannter dürfte allerdings sein, dass in Meissen im 18. Jahrhundert das erste Porzellan hergestellt wurde – die staatliche Porzellanmanufaktur Meissen ist bis heute ein Synonym für das »weiße Gold«.

Die Hügel um Meissen mit dem Eingang zum Schloss.

In dieser Blütezeit Sachsens und auch des sächsischen Weinbaus waren bis zu 6.000 Hektar Weinberge angelegt. Aus politischen und wirtschaftlichen Gründen verkleinerte sich im 19. Jahrhundert die Rebfläche auf 1.700 Hektar, danach setzten natürliche Feinde: *Peronospora, Oidium* und die Reblaus dem Weinbau zu. Gänzlich unbedeutend wurde dieser Agrarzweig dann im »Arbeiter- und Bauernstaat«.

Heute ist Sachsen das kleinste Weinanbaugebiet Deutschlands mit 450 Hektar Rebfläche – Schloss Proschwitz bewirtschaftet also alleine schon über 10% dieser Fläche.

Und die Bedingungen sind ideal; im Elbtal herrscht ein Mikroklima wie an der Loire. Die Jahresdurchschnittstemperatur ist um ein Grad höher als in Trier – an geschützten Stellen gedeihen hier Kakteen und mediterane Pflanzen. Die Rebhänge sind nach Süden hin ausgerichtet und die Böden tragen eine dicke Löß- und Lehmschicht auf rotem Granituntergrund.

...ein mutiger Schritt in die Zukunft

Dass auf diesem Boden wieder große Weine gedeihen ist in der Hauptsache Dr. Georg Prinz zur Lippe zu verdanken. Die bürokratischen Absurditäten und wirtschaftlichen Hürden, die es zu überwinden galt, ehemals enteigneten Grund und Boden zurück zu kaufen und zu bewirtschaften, würden ein eigenes Buch füllen. Der Prinz verließ dafür München, versilberte seine Penthouse-Wohnung und hängte den Job als Manager eines japanischen Unternehmens an den Nagel. Dafür schlief er eine Zeit lang auf einem Feldbett in einer Baracke in »seinem« Weinberg und häufte einen Schuldenberg auf, bei dem seine ehemaligen Kollegen nur mitleidig den Kopf senken würden.

Weinempfehlung

Kabeljau mit Spargel...

2001 Weißburgunder,
Kabinett, trocken
Schloss Proschwitz

Ein ganz typischer Vertreter des feinfruchtigen Kabinetts. Dieser Weißburgunder Kabinett schmeichelt in der Nase mit einem Duft nach Ananas, Honig und nach reifer Stachelbeere.
Im Mund besticht der Wein dann durch seine kräftige Struktur mit feinem Säurespiel und es finden sich die Stachelbeerearomen wieder.

2003 Untertürkheimer Gips
Weißburgunder, trocken**
Weingut Aldinger

Der Wein ist im Stahltank ausgebaut und zum Teil in neuen Barrique-Fässern. Er lag bis zum Januar auf seiner Feinhefe.
Er hat eine runde, fast sahnige Frucht, die an Williamsbirnen und an Nüsse erinnert. Ein Hauch von Gewürzen, jedoch nicht zuviel, er ist weder aufdringlich würzig, noch übermäßig aromatisch.
Der Weißburgunder bringt eine feine Säue mit und sein dichter Körper bietet dem Holz Widerpart.

Der Prinz und seine Brigade...

Die Mitarbeiter der *Weinbaubrigade 56 der Landwirtschaftlichen Produktionsgenossenschaft (LPG) »Wilhelm Pieck«* und der Adelssproß und Besserwessi – auch das ein Kapitel für sich. Alle Mitarbeiter mussten übernommen werden und sie haben sich ihren neuen Chef vielleicht auch anders vorgestellt. Es dauerte einige Zeit bis sich die Bilder in den Köpfen der Realität annäherten und es war oft ein harter Kampf. Heute sind die Mitarbeiter des Weingutes ein Team – das Beste, das es in Sachsen gibt. Kein Weingut in Sachsen produziert heute bessere Tropfen, keines räumt mehr Preise ab, ist so innovativ und kann sich mit internationalen Konkurrenten messen lassen.

Das einzige sächsische Weingut, mit Mitgliedschaft beim Verband deutscher Prädikatsweingüter (VDP). Hugh Johnson, der Gault Millau oder auch Stuart Pigott finden regelmäßig hervorragende Weine im Sortiment und sind von der hohen Qualität und der internationalen Konkurrenzfähigkeit der Sachsen

überzeugt Es wird nach den Regeln des »kontrolliert umweltschonenden Weinbaus« gewirtschaftet. Durch Begrünung der Rebanlagen wird ein ökologisches Gleichgewicht im Weinberg hergestellt. Auf Pflanzenschutzmittel wird weitgehendst verzichtet. Und im Keller kann Martin Schwarz auf modernste Technik zurückgreifen. Beste Voraussetzungen für die nächsten Jahrhunderte...

Dr. Georg Prinz zur Lippe. Nach großen Anfangsschwierigkeiten können erste Erfolge verbucht werden. Das Feldbett hat inzwischen ausgedient.

Weingut Schloss Proschwitz – Prinz zur Lippe

Rebfläche: 55 Hektar

Durchschnittsertrag: 44 hl/ha

Jahresproduktion: 300.000 Flaschen

Boden: Lößauflage (6-8 Meter stark) auf Granitfels

Rebsorten: 19% Grauburgunder, 16% Müller-Thurgau, 11% Elbling, je 10% Weiß- und Spätburgunder und Riesling der Rest verteilt sich auf Dornfelder, Goldriesling, Scheurebe, Morio Muskat, Frühburgunder, Dunkelfelder

Beste Lagen: Schloss Proschwitz, Seußlitzer Heinrichsburg

Falsche Mozartkugeln

1988 Dom Ruinart Rosé
Ruinart

Wie auch alle anderen Jahrgangschampagner des Hauses wird Dom Ruinart Rosé nur in wirklich großen Jahren hervorgebracht.

Der 1988 Dom Ruinat Rosé hat einen Anteil von 85 % Chardonnay aus Grand Cru Lagen und 15 % Pinot Noir, der als Rotwein vinifiziert wurde. Auch der Pinot Noir kommt natürlich aus Grand Cru Lagen und er gibt dem Rosé eine brillante orange-gelbe Farbe.

Der Champagner hat eine konstante feine Perlage.

In der Nase nimmt man zuerst die Rauch und Toastaromen war. Außerdem zeigt der Dom Ruinart Rosé Noten von Schattenmorellen und Gewürzen.

Alle Aromen der Nase, spiegeln sich auch am Gaumen wieder.

Die Frucht ist faszinierend. Feine Töne von Marmelade, Gewürzen (Pfeffer) und Karamell.

Langer angenehmer Nachhall.

Wasser – ein königliches Lebensmittel

Wasser ist lebenswichtig…

Wasser ist unser wichtigstes Lebensmittel: Wir können lange Zeit ohne Essen auskommen, aber nur wenige Tage ohne Wasser überleben. Allerdings zeigen sich die ersten Ausfallerscheinungen und die ersten Leistungsverminderungen schon nach sehr kurzer Zeit der Unterversorgung – noch bevor die ersten Anzeichen von Durst zu spüren sind. Schon nach wenigen Minuten kann die geistige Leistungsfähigkeit um bis zu 20 Prozent abnehmen.

Die benötigte Menge Wasser müssen wir regelmäßig über den Tag verteilt aufnehmen. Die Möglichkeit, Wasser zu speichern, hat der menschliche Organismus nicht. Fehlt dem Körper Wasser, wird es aus Bereichen abgezogen, in denen es nicht so dringend gebraucht wird.

Treibstoff des Lebens…

Der Mensch besteht zu rund 70 Prozent aus Wasser. Dieses Wasser befördert alle Vitalstoffe, die wir benötigen, in die Körperzellen, in denen die Stoffwechselvorgänge stattfinden. Aber ebenso wichtig wie die Zufuhr der Vitalstoffe ist der Abtransport der Ab-

fallprodukte des Stoffwechsels. Diese sowie die Schadstoffe, die wir aus der Umwelt über die Nahrung und Luft aufnehmen, lagern sich im Körper ein, falls sie nicht über Nieren oder Lunge ausgeführt werden. Wasser sorgt dafür, dass die Schadstoffe transportiert werden. Wird diese Funktion jedoch durch zu wenig Flüssigkeit eingeschränkt, kommt es zu Ablagerungen im Bindegewebe.

Wird jeden Tag nur ein Gramm abgelagert, ergeben das 365 Gramm im Jahr, 3,65 Kilo in zehn Jahren und rund 20 Kilo nach 55 Jahren. Bluthochdruck und andere »Zivilisationskrankheiten« sind fast zwangsläufig die Folge. Nur durch ausreichendes Trinken können wir vorbeugen. Für einen gesunden Menschen sind 1,5 Liter Wasser pro Tag unbedingt notwendig – mehr ist besser. Der Alterungsprozess geht mit einer Dehydrierung einher – wir müssen also ausreichend trinken, um leistungsfähig und gesund zu bleiben.

Kulinarische Aspekte…

Allerdings sollten wir nicht vergessen, dass Wasser auch einen wichtigen kulinarischen Aspekt hat.

Der erste Schluck Wasser nach einem Sommerspaziergang schmeckt unvergleichlich erfrischend und ein gutes Es-

Klassifizierung von Wasser	
Heilwasser	enthält von Natur aus heilsame Mineralstoffe und Spurenelemente und dient der Vorbeugung, Linderung und Heilung von Krankheiten. In Flaschen abgefüllt zählt es zu den Fertigarzneimitteln. Es entstammt unterirdischen Wasservorkommen.
Natürliches Mineralwasser	enthält von Natur aus Mineralien und Spurenelemente. Es entstammt unterirdischen Wasservorkommen und besitzt gesundheitsförderliche Wirkungen.
Quellwasser	entspringt auch einem unterirdischen Wasservorkommen und muß direkt an der Quelle abgefüllt weden. Es dürfen keine Angaben zum Inhalt von Mineralstoffen oder Spurenelemente gemacht werden.
Tafelwasser	kann aus Leitungs-, Meer-, oder Mineralwasser bestehen. Verschiedene Stoffe dürfen zugesetzt werden, wie Mineralien oder Natriumhydrogencarbonat, wodurch es zum Sodawasser wird.
Trinkwasser	es wird von den Wasserwerken über Wasserleitungen direkt in die Haushalte geliefert. Manchmal wird es mit Chlor oder Ozon behandelt, um eventuell vorhandene Bakterien abzutöten. Teilweise sind die Grenzwerte niedriger als in der »MVO« vorgeben.

sen ist ohne Wein, Kaffee und Wasser nicht komplett. Exquisites Essen und guter Wein wird durch Wasser erst »genießbar«. Das Wasser trennt die einzelnen Gänge, Geschmackseindrücke und Aromen und lässt sie uns dadurch intensiver erleben.

Wasser und Kaffee…

Genauso verhält es sich mit dem Kaffee zum Abschluss. Kaffee ist ein Genussmittel, das dem Körper Wasser entzieht – er wirkt stark dehydrierend. Aber nicht nur aus diesem gesundheitlichen Grund sollte zum Kaffee immer auch ein Glas mit frischem Wassers serviert werden: Wir erleben die ganze Fülle des Kaffeegeschmacks nur, wenn unsere Geschmacksknospen zuvor neutralisiert wurden.

Wasser und Wein…

Ein Schluck Wasser bereitet unser Geschmacksempfinden auf den Wein vor, befreit die Zunge und den Gaumen von den Aromen des Essens. So können wir den Wein in seiner ganzen Fülle erleben.

Außerdem sollte Wein nie als Durstlöscher betrachtet und genutzt werden – er ist ein alkoholisches Genussmittel. Wer viel Wein trinkt, braucht auch viel und besonders mineralstoffreiches Wasser – spätestens nach dem Weingenuss. Damit wird auch der Nachdurst gelindert und ein Kater kann gar nicht erst aufkommen.

rechts: auch Wasser sollte aus den »richtigen« Gläsern getrunken werden. Frisch, leicht gekühlt und das Glas nicht zu groß, damit das Wasser nicht zu warm und damit schal wird.

The Queen of table waters…

Rolf Straubinger und Klaus Schurr, der Sommelier von Burg Staufeneck, servieren Apollinaris. Seit Jahren pflegt Apollinaris gute Kontakte zur internationalen Topgastronomie und unterstützt die *Deutsche Wein- und Sommelierschule*. Denn exquisites Essen und Spitzenweine benötigen ein adäquates Mineralwasser als Begleiter. Schließlich soll der Wein sein spezifisches Aroma entwickeln können, ohne dass die Mineralisierung des Wassers diese Geschmackswahrnehmung verfälscht: *»Apollinaris Silence veränderte keinen unserer drei Testweine. Sie behalten ihre individuellen Eigenschaften«*, sagt Markus Del Monego, Master of Wine und Weltmeister der Sommeliers 1998 nach einer Verkostung von über 50 verschiedenen Wassersorten, *»Apollinaris Silence ist der optimale Begleiter von Wein. Der neutrale Geschmack des Wassers verändert den Wein nicht.«*

Wein wird in seiner ganzen Fülle und Aromenvielfalt nur mit einem guten Wasser »genießbar«. Deshalb ist pas-

sendes Mineralwasser inzwischen eine Selbstverständlichkeit für jeden Feinschmecker geworden. Und das richtige Wasser auszuwählen ist leicht. Die wichtigsten Eigenschaften:

- Wasser regt Zunge und Gaumen an und stimmt so auf das kommende Geschmackserlebnis ein.
- Wasser »neutralisiert« die Geschmacksknospen auf der Zunge.
- Wasser gleicht den Flüssigkeitshaushalt aus.

Um ein gutes Essen perfekt zu begleiten, ist es wichtig, dass ein Wasser gewählt wird, das den Wein nicht stört. Es sollte deshalb:

- wenig oder keine Kohlensäure haben,
- nur eine dezente Mineralisierung aufweisen.

Dann ist das Wasser eine ideale Ergänzung. Das gewählte Wasser sollte, wie der Wein, flaschenweise bestellt und in einem Kühler serviert werden. So bewahrt es während des gesamten Mahls seine Frische und die richtige Trinktemperatur. Die Gläser sollten nicht zu groß sein, da sonst das Wasser schnell schal wird.

Spitzenköche, Sommeliers und Apollinaris entwerfen ein exklusives Mineralwasserglas

Spitzenköche wie *»Jeunes Restaurateurs«* wissen: das Auge isst mit. Dies gilt nicht weniger für die flüssigen Gaumenfreuden, weshalb die europäischen Starköche von *»Jeunes Restaurateurs«* gemeinsam mit der *»Deutschen Wein- und Sommelierschule«* und Apollinaris ein Mineralwasserglas entworfen haben, das eigens für die Spitzengastronomie bestimmt ist.

Das Ergebnis heißt *»Apollinaris Edition-Glas«* und vereint alle Ansprüche des anspruchsvollen Gastes in sich: Funktionalität, Design und Kompatibilität zu den namhaften Weinglas-Serien.

Eine Erfolgsstory...

Apollinaris ist heute eine der ganz großen Marken – nicht nur in der Lebensmittelbranche in Deutschland. Dieser

Erfolg liegt sicher in der hohen Qualität des Wassers, seiner sehr ausgewogenen Mineralisierung und dem angenehm neutralen Geschmack.

Den Grundstein zu diesem Erfolg legte 1852 der findige Winzer Georg Kreuzberg. Der hatte nämlich in jenem Jahr einen Weinberg in der Nähe von Bad Neuenahr ersteigert. Leider wurde er damit nicht so recht glücklich – die Weinreben wollten ihm nicht gedeihen. Ob er eine Ahnung hatte, dass er auf eine »Goldader« gestoßen sein könnte, ist nicht verbürgt. Jedenfalls ließ Kreuzberg einige Probebohrungen in seinem Weinberg durchführen. Des Rätsels Lösung, warum die Reben nicht so recht

wuchsen, war damit schnell gefunden: Das Kohlendioxid aus einer unterirdischen Wasserquelle störte das Wachstum.

Anstatt sein Unglück zu bedauern und die Fehlinvestition zu beklagen, machte er kurzerhand aus der Not eine Tugend: Aus dem Winzer Georg Kreuzberg wurde der Brunnenbesitzer.

Herr Kreuzberg ließ den Brunnen fassen und gab seiner Quelle auch gleich den schönen Namen Apollinaris. Der Name ist dem Heiligen gleichen Namens entlehnt, dessen Statue unweit der Quelle steht – ironischerweise der Schutzheilige des Weines.

Von Deutschland in die Welt

Das Wasser der Quelle fand schnell seine Freunde. Der Absatz hatte um die Jahrhundertwende bereits die 40-Millionen-Marke erreicht: So viele Flaschen wurden Jahr für Jahr befüllt und auf dem internationalen Markt abgesetzt.

Inzwischen war mit einem Handelsvertreter auch eine Niederlassung in London gegründet worden. So lernten auch die Gourmets der Insel sehr schnell, den feinen Geschmack des deutschen Wassers zu schätzen.

In Großbritannien wurden ab dem Jahr 1892 Produkte von herausragender Qualität mit einem roten Dreieck ausgezeichnet. Auch Apollinaris erhielt dieses Gütezeichen. In Deutschland wurde es kurze Zeit später als geschütztes Warenzeichen eingetragen, zusammen mit dem Slogan »The Queen of Table Waters«.

Um diesen Erfolg richtig einordnen zu können, muss man wissen, dass bis zu Beginn des 20. Jahrhunderts Wasser

ausschließlich in teuren Tonkrügen verkauft wurde. Schon die Römer hatten die Eifel besetzt und hier reichhaltige Mineralwasservorkommen entdeckt. Bereits sie benutzten Tonkrüge, um das exquisite Wasser über die Alpen in ihr Heimatland zu befördern.

Darüber hinaus ließen sich die königlichen Hoheiten Europas bis zum Anfang des 20. Jahrhunderts Mineral- und Heilwässer aus »ihren Quellen« in edel gestalteten Tongefäßen an den Hof liefern.

Einer der treuesten und vornehmsten Kunden von Apollinaris wurde der deutsche Reichskanzler Fürst Otto von Bismarck. Auch er bezog sein Mineralwasser noch in Tonkrügen.

Dann endlich, um 1900, wurde Mineralwasser auch für die breite Bevölkerung erschwinglich, denn es wurde nun in maschinell hergestellte Glasflaschen abgefüllt und konnte dadurch billiger verkauft werden.

Vor diesem Hintergrund sind die 40 Millionen Flaschen Apollinaris Mineralwasser pro Jahr eine beinahe unglaubliche Leistung.

links: Georg Kreuzberg, Entdecker der Apollinaris-Quelle.
unten: die ersten Glasflaschen...

Die Quelle des Erfolges…

Was Apollinaris so besonders macht, ist seine Zusammensetzung und sein Vorkommen. Die Nordeifel ist eine recht ursprüngliche Region im Grenzgebiet zu Belgien – und eines der wenigen Gebiete in Deutschland, das auch heute noch vulkanisch aktiv ist.

Die bekannten Maare in dieser Gegend sind natürliche Seen, die nichts anderes sind als die Krater von Vulkanen, die sich über die Jahrhunderte mit Wasser gefüllt haben.

Dieses wasserreiche und geologisch sehr aktive Gebiet birgt viele Quellen, die hochwertiges Trinkwasser und auch Heilwasser mit ganz speziellen Eigenschaften liefern.

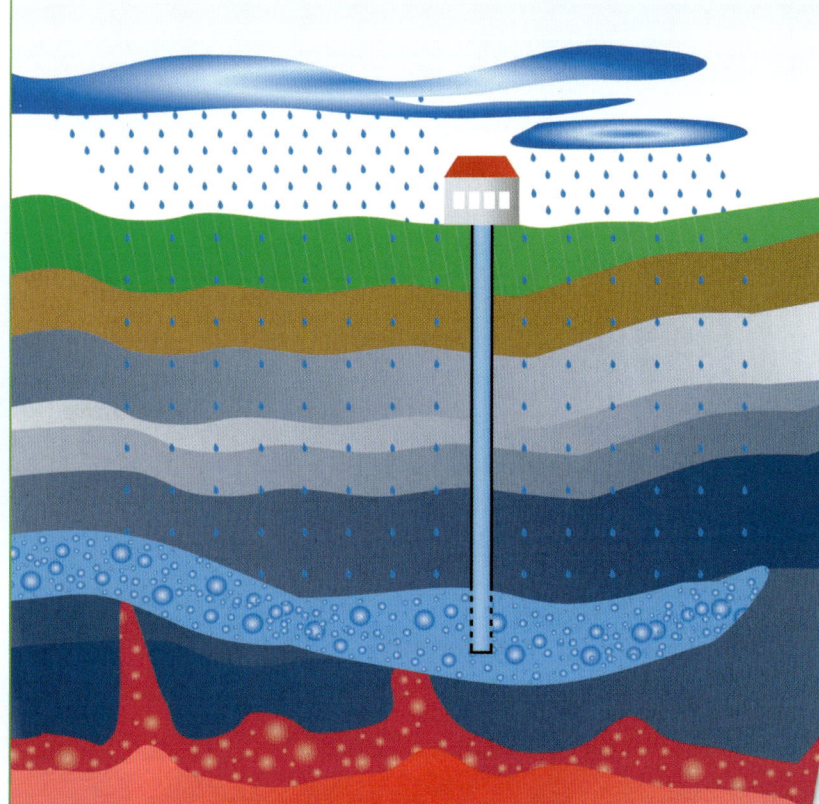

Aus der Tiefe…

Vulkane sind die direkte Verbindung zu unserem flüssigen Erdkern. Hier herrschen so hohe Temperaturen, dass Erze und Gestein dickflüssig sind. Da die Erdkruste im Vergleich zu den darunter liegenden Schichten relativ dünn ist, drängt das Magma in geologisch aktiven Gebieten wie der Eifel an diese dünne Erdoberfläche.

Da das Magma ständig Kohlensäure abgibt, ist das Wasser hier besonders mineralreich. Denn die Kohlensäure sorgt für eine höhere Lösungskraft des Wassers – es kann auf seinem Weg in den Untergrund besser Mineralien aus den Gesteins- und Erdschichten lösen.

Flüssiges Silber…

So wird Mineralwasser auch genannt. Und wie das Edelmetall geschürft werden muss, wird ebenfalls das Mineralwasser abgebaut. Auch hier gilt: ohne Fleiß kein Preis.

Das so genannte Oberflächenwasser ist das sichtbare Wasser aus Seen, Flüssen und Talsperren. Es kann natürlich leicht abgeschöpft werden, allerdings wird es genauso einfach verschmutzt. Aus diesem Grund muss es aufwändig gereinigt werden, bevor es als Trinkwasser verwendet werden kann.

Grundwasser ist das zweite Wasser-Reservoir. Es sammelt sich in Hohlräumen der oberen Erdschichten. Auch dieses Wasser muss vor dem Gebrauch gereinigt werden.

Tiefenwasser, so wie Apollinaris, dagegen kommt aus sehr tiefen Erdschichten. Regenwasser, Oberflächen- und Grundwasser sickern in tiefe Erdschichten ein. Der Weg nach unten kann Jahrzehnte, manchmal Jahrhunderte dauern. Durch die unterschiedlichen Gesteins-, Kies- und Sandschichten wird das Wasser nicht nur ständig gefiltert. Es nimmt auch Mineralstoffe mit auf seinem Weg. Auf diese Weise ergeben sich je nach Geologie und Durchlaufweg ganz unterschiedliche Mineralwässer. Hier in den Tiefen lagert das Wasser vollkommen geschützt – bis Menschen wie Georg Kreuzberg die Quellen entdecken und sie für uns nutzbar machen.

Sommer

Kanadischer Sockeye Wildlachs mit
Gemüse à la greque und siziliani-
scher Salzzitrone

Königsfisch in der Zucchiniblüte
gebraten auf Auberginenmousseline
mit Basilikum und Tomatenvinaigrette

Sankt Peterfisch auf Kalbskopfsalat
mit Langustinenjus und Langustine
in Kartoffelspaghetti gebacken

Gewürzter Blätterteig Mille Feuille mit
eingelegten Aprikosen und zweierlei
Schokosorbet

Kanadischer Sockeye Wildlachs mit Gemüse á la greque und sizilianischer Salzzitrone

Wildlachs

4 Mittelstücke Wildlachs à 70 g ohne

Haut und ohne Gräten

grobes Meersalz

Olivenöl

frischer Pfeffer aus der Pfeffermühle

Gemüse á la greque

12 kleine Blumenkohlröschen

16 kleine Champignons

16 Zucchinischeiben

12 Fenchelscheiben

16 getrocknete Ofentomaten

24 cl Olivenöl

12 kleine Oliven

8/2 Stielartischocken (gekocht)

8 cl Olivenöl zum Anbraten

Marinade

3 cl Weißweinessig

6 cl Olivenöl

1 Sternanis

20 St Korianderkörner

Thymianzweig

0,1 l Kartoffelfond

Streifen von der Salzzitrone

Knoblauchconfit

Wildlachs...

Wildlachsschnitte mit grobem Meersalz, Pfeffer aus der Mühle und Olivenöl würzen. Auf einem geölten Blech mit Folie abdecken und bei 75 °C (Umluft) etwa 12–13 Minuten garen. Der Fisch sollte glasig und saftig sein.

Gemüse á la greque

Zerkleinertes Gemüse mit Olivenöl anbraten. Die Gemüse dürfen gerne Farbe annehmen. Wenn sie gar sind aber noch leicht knackig mit der Marinade aus Kartoffelfond, Sternanis, gerösteten Korianderkörnern, Thymianzweig, weißem Essig und Knoblauchconfit marinieren, Olivenöl unterrühren.

Als Garnitur Streifen von Salzzitrone.

Tipp aus der Küche...
Knoblauchconfit und Salzzitrone können durch frischen Knoblauch und Zitronensaft ersetzt werden

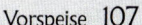

Königsfisch in Zucchiniblüte gebraten auf Auberginenmousseline mit Basilikum und Tomatenvinaigrette

Königsfisch

4 Stück Königsfisch oder Thunfisch

8 Zucchiniblüten

Zitronesaft

Meersalz und Pfeffer aus der Mühle

Tomatenvinaigrette

12 Tomatenviertel ohne Haut in Würfel

0,1l weißer Tomatensaft

3 cl Balsamicoessig

3 cl Olivenöl

Meersalz, Zucker, Pfeffer aus der Mühle

Basilikumblätter

Auberginenmousseline

1 kg Auberginen

je 100 g Paprika rot und gelb

Knoblauch

Olivenöl

Zitronensaft

Thymianzweig

Rosmarinzweig

Chilipulver

Meersalz

Königsfisch

Zucchiniblüten aufschneiden, kurz waschen und zwischen feuchten Tüchern kurz dämpfen. Anschließend trocken tupfen.

Fischfilet mit Meersalz, Zitronensaft und Pfeffer würzen, dann in die Blüten einwickeln.

Auf ein geöltes Blech legen, mit Folie abdecken und bei 75 °C (Umluft) je nach Fischstärke etwa 10–12 Minuten garen, Kerntemperatur bei 45 °C.

Auberginenmousseline

Auberginen halbieren, einschneiden und mit Salz, Olivenöl und Knoblauch würzen. Thymian- und Rosmarinzweig auflegen, in Alufolie einwickeln und bei 180 °C (Umluft) etwa 60 Minuten garen.

Das Auberginenfleisch mit einem Löffel auskratzen und klein hacken. (Kochschule Seite 34)

Bei dem Paprika die Haut abziehen, garen und in Würfel schneiden. Dann unter das Aubergingenfleisch unterheben. Anschließend mit Zitronensaft, Olivenöl und Chilipulver abschmecken.

Tomatenvinaigrette

Tomatenwürfel mit Meersalz, Pfeffer aus der Mühle und einer Prise Zucker würzen. Den weißen Tomatensaft, Essig und Olivenöl untermischen. Kurz vor dem Servieren hauchfeine Basilikumstreifen unterheben.

Sankt Peterfisch auf Kalbkopfsalat mit Langustinenjus und Langustine in Kartoffelspaghetti

Sankt Petersfisch

4 Stück Sankt Petersfisch à 80 g

4 halbe Langustinen

Kartoffelspaghetti

1 Esslöffel angerührter Tempurateig

Meersalz, Pfeffer aus der Mühle

Kalbskopfsalat

80 g geschnittene Kalbskopfmaske von gekochtem und gepresstem Kalbskopf

60 g gekochte Perlgraupen

40 g Gemüsewürfel

2 cl weißer Essig

4 cl Kartoffelfond

2 cl Olivenöl

Meersalz, Pfeffer aus der Mühle

Schnittlauch

Langustinenjus

300 g Langustinenscheren

40 g Butter

¼ l Wasser

Thymianzweig

Meersalz

eine angepresste Knoblauchzehe mit Schale

120 g Gemüse (Lauch, Staudensellerie, Schalotten, Karotten)

½ Esslöffel Tomatenmark

0,2 l Weißwein

5 cl Noilly Prat

5 cl roter Portwein

0,5 l Geflügel- oder Fischfond

25 g Kartoffelabrieb

eine reife Tomate

1 Sternanis

15 Korianderkörner

8 cl Olivenöl

Sankt Petersfisch

Sankt Petersfisch würzen, kurz anbraten und im Ofen bei 69 °C etwa 6 – 8 Minuten gar ziehen lassen. Die halbierten Langustinen mit dem Tempurateig einstreichen und in die Kartoffelspaghetti wild einwickeln. Bei 170 °C im Fettbad etwa eine Minute ausbacken.

(Kochschule Seite 36)

Kalbskopfsalat

Den geschnittenen Kalbskopf mit Gemüsewürfel, Perlgraupen, Kartoffelfond, Essig und Öl vermengen.

Schnittlauch und Gewürze untermischen. Leicht erwärmen, damit der Salat sämig wird

Langustinenjus

Langustinenscheren anschlagen und in Olivenöl anbraten. Mit Wasser auffüllen. Butter, Thymianzweig, Salz, Ko-
riander und Sternanis sowie die angeschlagene Knoblauchzehe hinzugeben.

10 Minuten köcheln lassen. Das Gemüse, Tomatenmark
und die zerkleinerte Tomate hinzugeben und nochmals
5 Minuten köcheln lassen. Den Alkohol angießen und
auf die Hälfte reduzieren. Geflügel- oder Fischfond angießen.

Das Ganze nun etwa 15 – 20 Minuten köcheln lassen
und passieren. Mit dem Kartoffelabrieb binden und auf
etwa 150 ml reduzieren.

Anschließend mit dem *ESGE–Zauberstab* aufmixen.

Tipp aus der Küche...
Als Garnitur gebratene
Lauchringe und getrock-
nete Ofenkirschtomaten.
Statt Kalbskopf geht auch
Ochsenmaulsalat von Ih-
rem Metzger.

Gewürzter Blätterteig Mille Feuille mit eingelegten Aprikosen und zweierlei Schokosorbet

Schokolade »Ganache«

250 g Kuvertüre

125 g Milch

125 g Sahne

2 Eigelb

40 g Zucker

Eingelegte Aprikosen

200 g Aprikosen

75 g Zucker

150 ml Weißwein

100 ml Orangensaft

1 Vanillestange

2 EL Mondamin

Karamelisierter gewürzter Blätterteig

100 g Blätterteig

Puderzucker

gemahlener Zimt

gemahlener Sternanis

Vanillepulver

Dunkles Schokoladensorbet

100 g Kuvertüre (70 % Kakao)

½ l Wasser

75 g Zucker

1 cl Crème de Cacao

1 cl Whisky

Weißes Schokoladensorbet

¼ l Milch

¼ l Sahne

50 g Zucker

100 g Cointreau

1 Blatt Gelatine

Schokolade »Ganache«

Milch und Sahne aufkochen, Eigelb und Zucker vermengen und die kochende Sahne dazugeben, à la rose abbinden.

Auf die gehackte Kuvertüre geben, die gesamte Masse homogenisieren und abkühlen lassen.

Eingelegte Aprikosen

Die Aprikosen halbieren. Zucker karamelisieren und mit Weißwein und Orangensaft ablöschen, Vanillestangen zugeben und auskochen.

Den Saft mit etwas angerührtem Mondamin (tropfenweise) abbinden und kochend auf die Aprikosen gießen, dann ziehen lassen.

Karamelisierter gewürzter Blätterteig

Den Blätterteig mit einer Mischung von Puderzucker und gemahlenen Gewürzen ausrollen, bis er so dünn wie Papier ist. Gewünschte Form ausschneiden und bei 170 °C backen.

Dunkles Schokoladensorbet

Wasser, Zucker, die Crème de cacao und den Whisky aufkochen und auf die zerkleinerte Kuvertüre geben. Die gesamte Masse mit dem Zauberstab mixen und in die Eismaschine geben.

Weißes Schokoladensorbet

Milch, Sahne und Zucker zusammen auf 60 °C erwärmen, eingeweichte Gelatine und zerkleinerte Kuvertüre hinzugen.

Cointreau hinzufügen, gut durchrühren und in die Eismaschine geben.

Weingut Drautz-Able

DRAUTZ·ABLE
WÜRTTEMBERG

Alteingesessen und rührig…

Richard Drautz als gewichtige Persönlichkeit zu bezeichnen, liegt aus mehrerlei Gründen nahe. Denn neben seiner Eigenschaft als Trendsetter unter den deutschen Weinbauern ist er auch als Abgeordneter mit Spezialgebiet Agrarpolitik

Die Familie Drautz-Able – nur im Team erreicht man Spitzen-Weine und kann auch über lange Zeit sein hohes Niveau aufrecht erhalten.

im Stuttgarter Landtag tätig. Zwei so facettenreiche Aufgaben zu vereinen, ist freilich nur möglich, weil ihn zu Hause sowohl Ehefrau Monika als auch Sohn Markus, gegenwärtig zum Studium in Geisenheim, tatkräftig unterstützen.

Drautz, der das Weingut viele Jahre lang – bis zu seinem verdienten Ruhestand – gemeinsam mit seiner Schwester Christel Able geleitet hat, entstammt einer alten Heilbronner Weindynastie, deren Ursprünge sich bis ins Jahr 1496 zurückverfolgen lassen. Das heutige Weingutsdomizil ist aller-

dings in der Substanz weder alt noch neu, sondern ein funktionaler Nachkriegsbau, der jedoch ganz unverwechselbar von der persönlichen Handschrift des Gutsinhabers geprägt ist: Lichtes Glas, warmes Holz und klare Formen dominieren. Ebenso der Fasskeller, wo rund 100 Barriques unter einer Holzdecke aus hauseigenen alten Fassdauben ruhen. Die in sanften Rot-Tönen gehaltenen Dauben, gezeichnet durch die Jahre, werden gehalten durch eine Edelstahlkonstruktion von kühler Strenge, so dass das Ensemble eine Hommage an die Werkstoffe der Weinbereitung bildet.

Tradition und Moderne…

Während sich im Hauptgebäude Tradition und Moderne kunstvoll vereinen, regiert in der großzügigen Kelterhalle am Fuß der Weinberge die Technik. Und modern zu sein, heißt hier immer, der Konkurrenz eine Nasenlänge voraus zu sein. Nichts bleibt hier dem Zufall überlassen – sei es im Keller oder im Labor, wo die Entwicklung des Weines laufend per chemischer Analyse nachvollzogen wird.

Hoch über Heilbronn und am Neckarsulmer Scheuerberg liegen die Rebparzellen weit verstreut wie Juwelen in der Weinbergslandschaft. Da man die aus der Vielfalt entspringende Flexibilität schätzt, gibt es kaum eine Edelrebe, die im Repertoire des Weingutes nicht vertreten wäre. Richard Drautz erzeugt daraus Weine für viele Gelegenheiten: Vom »Häusles«-Tischwein für den täglichen Genuss über die fei-

Weinempfehlung

Wildlachs…

2000er Composition »A«, trocken
Hades Qualitätswein
Weingut Drautz-Able

Stolze 104 °Oechsle bringt der Hades Qualitätswein bei der Lese, Weißburgunder und Kerner.
Die 2000er Composition »A« wurde im »sur lie Verfahren« 15 Monate in neuen Barrique-Fässern aus Allier-Eiche ausgebaut.

Entstanden ist ein Wein der zuerst durch seine brillante Farbe besticht. Dann entführt uns der Wein in ein Reich der Düfte wie Passionsfrucht, Pfirsich, Butter, Vanille, Zitronat, Pfeffer, reife Ananas, Toffee
Der Wein besitzt eine stabile Säure, die ihn nicht zu breit erscheinen lässt.
Im Mund verstärken sich die Röstnoten der Nase und der Wein hinterlässt einen langen Nachhall.

nen, mit dem Familienwappen geschmückten »Drei-Tauben-Weine« bis hin zur hochkarätigen »Jodokus«-Serie. Diese nach einem Urahn der Familie benannten besten Barriqueweine reifen 20 Monate im kleinen Eichenholzfass und dann noch ein weiteres knappes Jahr in der Flasche, bevor sie zum Verkauf kommen.

Ein eingespieltes Team…

Richard Drautz, seine Familie und seine Mitarbeiter, allen voran der technische Betriebsleiter Thomas Gramm, gelten als kreatives und innovationsfreudiges Team. So erzeugte das Weingut 1978 als erster Selbstvermarkter einen eigenen Winzersekt. 1989 präsentierte man erstmals einen »Barrique-Sekt« aus Spätburgunder-Rotwein: Ein prickelndes Juwel mit verhaltenem Eichenholzaroma, erreicht durch zehnwöchige Reifung des Grundweins im Allier-Fässchen. Ebenfalls 1989 wurde der erste Sauvignon-Blanc-Weißwein vorgestellt. Und mit dem Jahrgang 1998 begann im Hause

Drautz-Able eine neue Ära mit den »Drei-Tauben-Weinen«, die die bisherigen Kabinett- und Spätlese-Weine abgelöst haben.

So war oft das, was im Hause Drautz-Able entstand, schon bald eine verbreitete Innovation in der Weinszene. Aber das ist es schließlich, was den Vorreiter ausmacht: Dass die anderen sich beeilen, es ihm gleichzutun. Richard Drautz aber ist immer schon wieder einen Schritt weiter. »Man muss sich antizyklisch verhalten«, sagt er, »und manchmal auch gegen den Strom schwimmen«. Und die nächste Überraschung wartet sicher schon im Keller…

Der Barrique-Keller mit der Decke aus Fassdauben. Stilecht und mit schöner Atmosphäre.

Weingut Drautz-Able	
Rebfläche:	17,2 Hektar
Durchschnittsertrag:	80 hl/ha
Jahresproduktion:	140 Tsd. Flaschen
Boden:	Bunter Mergel, Lehm, Sandsteinverwitterung und Gipskeuper
Rebsorten:	Insgesamt werden 18 Rebsorten angebaut: ein Viertel Trollinger, ein Fünftel Riesling, je 8% Spätburgunder, Lemberger, Samtrot und Schwarzriesling, des weiteren Dornfelder, Weiß- und Grauburgunder, Gewürztraminer, Sauvignon Blanc, Merlot, Cabernet Sauvignon u. a.
Beste Lagen:	Wartberg und Stiftsberg und am Neckarsulmer Scheuerberg

Königsfisch…

2001er Fellbacher Lämmler,
Riesling Spätlese, trocken
Grosses Gewächs
Weingut Aldinger

Die Farbe der 2001er Riesling Spätlese vom Weingut Aldinger ist ein helles strohgelb.
Verhaltene Nase mit etwas reifem Apfel, leichte Würze.

Im Gaumen dann Schmelz und Opulenz, stoffig, erdige Töne im Abgang.
Durch weniger Säure passt dieser Riesling Spätlese ausgesprochen gut zu der leichten Vinaigrette aus reifen Tomaten.

Staatsweingut Weinsberg

Die »Königliche Weinbauschule«

Wer vor dem modernen, großzügigen Neubau der Wein- und Obstbauschule in Weinsberg steht, glaubt kaum, dass er es hier mit dem ältesten Weinbau-Lehrinstitut in Deutschland zu tun hat, gegründet wurde es anno 1868 als »Königliche Weinbauschule«.

Die Staatliche Weinbauschule Weinsberg gilt als Elite-Schule für angehende Winzer.

glänzenden Apparaturen aller Bauarten und Größenordnungen, Filtern, Zentrifugen, Gärtanks – alles, was die Technik für die Weinbereitung hervorbringt, ist vertreten. Den krönenden Abschluss bildet der imposante Holzfasskeller mit den vielen kleinen Eichenholzfässern (Barriques). Dort werden die hochkarätigen Weine veredelt. Hier können die

Auf seine Wurzeln ist man sehr stolz. Das historische Schulgebäude zeugt von dieser Zeit. Auch für das neue Corporate Design hat man in den letzten Jahren hochkarätige nationale und internationale Auszeichnungen erhalten. Zuletzt war es ein internationaler Architektur- und Designpreis für den neuen Verkaufsraum.

In der architektonisch modern gestalteten Kellerei mit der neuesten Kellereitechnik geht es vorbei an Rüttelpulten, geheimnisvoll vor sich hin gärenden Sektflaschen, edelstahl-

Schüler, die künftigen Winzermeister, Küfermeister und Techniker für Weinbau und Kellerwirtschaft ihre praktischen Fähigkeiten einüben und erweitern.

Eigene Produkte und neue Rotweinsorten

Das Staatsweingut ist am Markt wohl bekannt. Es gilt als Ideenschmiede und Umschlagplatz geballten Weinwissens, vor allem wenn sich die »Ehemaligen«, unter ihnen nicht wenige große Namen, zum Gedankenaustausch treffen.

Weinempfehlung

Sankt Petersfisch...

2002 Grauburgunder, trocken
HADES
Staatsweingut Weinsberg

Hinter der Abkürzung HADES verbergen sich die Initialien einer eingeschworenen Bruderschaft von fünf berühmten Württemberger Winzern und dem Staatsweingut Weinsberg. Diese fünf waren in den 80er Jahren die Vorreiter für einen qualitativ hochwertigen Ausbau von Cuvées – zu einer Zeit als viele deutsche Winzer diesen Trends noch überhaupt nichts abgewinnen konnten.
Heute eine vielbejubelte und ausgezeichnete Initiative.

Der 2002er Grauburgunder überzeugt im Glas durch seine brillante goldgelbe Farbe.
In der Nase besticht der Wein durch sehr angenehme Röstnoten: ein Hauch von Vanille, Paranuss und auch exotische Früchte sind zu vermerken.
Im Mund dann ölig, weich, rund, mit erdigen Noten. Der Grauburgunder hat eine stabile Säure.
Der Wein braucht Luft.

Anfang der Achtziger begann man, den Barriqueausbau intensiv zu erforschen. Die Weinbauschule wurde damals der wissenschaftliche Arm der »HADES« Gruppe.

Wirklich Neues zu schaffen, ist nur Auserwählten vergönnt – bei der Weinsberger Rebenzüchtung gehört es zum Alltag. Schwäbisch-fränkische Geistesgrößen sind die Namenspaten der Neuschöpfungen – Hölder, Silcher, Dornfelder. Und natürlich Kerner, die erfolgreichste Neuzüchtung des 20. Jahrhunderts, ein echtes Württemberger Kind aus Riesling, von dem er die Rasse und Frische hat, und der Schwabentraube Trollinger. Erst 1969 wurde der Kerner als Sorte zugelassen, 1984 der Dornfelder. Heute gilt diese Rebsorte als die erfolgreichste Rotweinneuzüchtung Deutschlands. 1999 wurden sechs neue Rotweinsorten, Cabernet Dorio, Cabernet Dorsa, Cabernet Cubin, Cabernet Mitos, Acolon und Palas vorgestellt. Mit ihrem sehr großen Qualitätspotenzial erweitern sie die Palette der Rotweinsorten.

Eine Selbstverständlichkeit, dass durch Lehre, Forschung und Entwicklung hervorragende Weine entstehen. Was hier in die Flasche kommt, ist vorbildlich und charaktervoll. Und mehr als das: Auch bei hochkarätigen Verkostungen und Prämierungen, ob deutsch oder international, sind die Weinsberger Weine – speziell die holzfassgereiften Rotweine und allen voran der Lemberger – regelmäßig ganz vorne dabei.

Eigene Rebflächen

Die Rebflächen von 40 ha finden sich an Süd- und Südwesthängen des württembergischen Unterlandes: In Weinsberg 18 ha, rund um Burg Wildeck 12 ha (Alleinbesitz: ökologisch bewirtschaftet) und in Gundelsheim am Neckar 10 ha (2 ha Muschelkalk-Steilterrassen aus dem 16. Jhd.). Auf tiefgründigen Muschelkalkböden, warmen Gipskeuper- und Bunte Mergel-Böden gedeihen Weine mit individueller Ausprägung.

Die Weine stammen von ausgewählten Rebsorten: Riesling (20%), Müller-Thurgau (4%), Kerner (4%), Lemberger (14%), Trollinger (12%), Spätburgunder (8%), Schwarzriesling (4%) und Samtrot (6%), außerdem zahlreiche Spezialitäten, Raritäten und Neuzüchtungen wie Traminer, Grauburgunder, Weißburgunder, Muskateller, Chardonnay, Clevner (Frühburgunder) außerdem interessante pilzresistente Rebsorten.

moderne Präsentations- und Verkaufsräume demonstrieren die Verbindung von Lehre und wirtschaftlichem Denken.

2002 Pinot Grigio, Unterebner
Cantina Tramin DOC
Fischer & Trezza

Mit seinem bekannten »Gewürztraminer« hat der Ort Tramin eine Berühmtheit erlangt, wie nur wenige Weinorte. Die im Herzen des Südtiroler Unterlandes auf der Alpensüdseite gelegene Kellerei Tramin zählt zu den ältesten Genossenschaftskellereien Südtirols. Sie wurde im Jahr 1898 gegründet. Heute zählt die Kellerei Tramin 280 Mitglieder, die auf einer Rebfläche von 220 Hektar Weine anbauen. Die besondere Qualität basiert auf dem Zusammenspiel unterschiedlicher Komponenten: verschiedene Kleinklimazonen, ausgezeichnete Bodenbeschaffenheit, Höhenlagen von 150 bis zu 700 Meter, sowie Sensibilität, Können und Sorgfalt im Ausbau der Weine.

Der Unterebnerhof ist Tramin's Spitzenlage für Pinot Grigio. Die nach Südosten ausgerichteten Anlagen in Söll bieten optimale Bedingungen für den Anbau dieser Rebsorte. 500 m ü. NN.; Pergel und Drahtrahmen; lehmige, kalkreiche Böden.

Die Weinberge erbringen reife, aromareiche Trauben. Der Wein wird teils in Barrique, teils im großen Holzfass ausgebaut. Es ist ein Wein von großer Komplexität.

Im Glas ein leuchtendes hellgelb. In der Nase ein breites Bukett, sehr saubere, aromatische Frucht, Aprikosen, leichte Banane und exotische Frucht. Am Gaumen ein ähnlicher aromatischer Charakter und ein dichter Körper.

Tolle Struktur, saftig und trotzdem elegant, ein angenehmer Wein.

Ruinart – das älteste Champagner-Haus

Geheimtipp für Kenner und Geniesser

Champagner gehört auch in Deutschland zum »Savoir Vivre«. Kenner und Genießer, die das Besondere suchen und Wert auf hervorragende Qualität legen, sind mit Champagnern aus dem Hause Ruinart bestens beraten. Das älteste Champagner-Haus gilt als zuverlässiger Geheimtipp unter Weinkennern und Genießern. In Frankreich zählt Ruinart gar zu den erfolgreichsten Marken am Markt.

275 Jahre Tradition

Das Haus blickt auf eine lange Firmengeschichte zurück. Im Jahre 1729 von Nicolas Ruinart in Reims gegründet feiert es am 1. September 2004 sein 275-jähriges Jubiläum und ist damit nachweislich das älteste Champagner-Haus. Der Onkel von Nicolas, Dom Thierry Ruinart, ein Benediktinermönch und angesehener Gelehrter seiner Zeit, gab ihm den entscheidenden Impuls. Er lebte als enger Vertrauter des

berühmten Bibliothekars Mabillon in Paris und verkehrte am Hofe Louis XIV. Der Region Champagne und seiner Familie blieb er stets eng verbunden und konnte somit seinem Neffen Nicolas berichten, wie gefragt der Wein der Champagne in Paris und am Versailler Hof war.

Die Familie Ruinart hatte sich bis Anfang des 18. Jahrhunderts vor allem dem Tuchhandel gewidmet. Im 18. Jahrhundert dann erlebte der Weinhandel in Europa einen neuen Aufschwung. Und als der französische König 1728 schließlich ein Dekret erließ, das den Kaufleuten von Reims erlaubte, Wein künftig in Flaschen zu verkaufen, war der Durchbruch für den Champagnerhandel geschafft. Die Familie Ruinart verlagerte im Jahr 1729 mit der Gründung des Champagner-Hauses den Schwerpunkt ihrer Geschäfte auf die Herstellung und den Verkauf von Champagner. Nicolas Ruinart kaufte nach und nach erstklassige Weinlagen in den umliegenden Dörfern, von denen

heute noch einige im Besitz des Hauses sind. Das Händlernetz wurde zur selben Zeit aufgebaut, zunächst in Frankreich, später dann auch in den europäischen Nachbarländern. Aus den Archiven des Hauses geht hervor, dass der deutsche Markt von Anfang an ein bedeutender Absatzmarkt war. So zählte schon im 18. Jahrhundert eine beachtliche Anzahl deutscher Adelsfamilien zu den Stammkunden und in Bayern avancierte das Haus zum »königlich-bayerischen Hoflieferanten«.

Der unverwechselbare Geschmack

Sechs Champagnerqualitäten umfasst das kleine aber sehr feine Sortiment von Ruinart: die Prestige-Cuvées *Dom Ruinart* und *Dom Ruinart Rosé,* die Verführer *Ruinart Blanc de Blancs* und *Ruinart Rosé,* sowie die Klassiker *»R« de Ruinart* mit und ohne Jahrgang.

Der besondere Stil des Hauses, der *Goût Ruinart,* ist das Vermächtnis einer langen Tradition, die von den Inhabern, Geschäftsführern und Kellermeistern des Hauses bis heute gepflegt wird.

Es werden ausschließlich Champagner der Geschmacksrichtung »Brut« hergestellt. Die Philosophie dabei ist in allen Cuvées, auch bei den Rosé-Champagnern, der hohe Chardonnay-Anteil von mindestens 40%. Mit dem *Ruinart Blanc de Blancs* und dem *Dom Ruinart,* die zu 100% aus Chardonnay bestehen, kann *Champagne Ruinart* sogar mit zwei *Blanc de Blancs* aufwarten.

Der Chardonnay ist von den drei in der Champagne klassifizierten Rebsorten, die einzige weiße. Mit einem Anteil von gerade mal 26% ist sie allerdings quantitativ unterrepräsentiert.

»Dabei bringt er uns eine herrliche Frische, viel Finesse, Eleganz, nicht zu vergessen die Langlebigkeit und ganz feine Perlen«, schwärmt der Kellerdirektor des Hauses Jean-Philippe Moulin, »er braucht aber auch etwas mehr Zeit in seiner Entwicklung als zum Beispiel Pinot Meunier und Pinot Noir, was eine längere Hefelagerung und Reifezeit notwendig macht«. Diese räumt man den Champagnern im Hause Ruinart gerne ein, wie die Qualität aller Cuvées belegt. Den Pinot Meunier hingegen lässt man bei Ruinart ganz außen vor.

Die optimale Reifung

Viele Komponenten müssen bei Champagner aufeinander abgestimmt sein, um eine herausragende Qualität zu erreichen. Die lange Lagerung auf der Hefe bei konstanten Temperaturen ist eine Bedeutende davon. Die denkmal-

geschützten Kreidekeller des ältesten Champagner-Hauses, die aus gallo-römischer Zeit stammen, sind hierfür besonders gut geeignet und bieten eine eindrucksvolle Kulisse. Auf dem Hügel Saint-Nicaise, wo sich Ruinart heute noch befindet, hatten schon die Römer unterirdisch Kreide abgebaut.

Sie arbeiteten mit raffinierten Fördertechniken und bohrten Schächte in die Erde hinein. Diese kegelartigen Kreidehöhlen reichen bis in 40 Meter Tiefe. Gänge verbinden sie miteinander und bilden ein regelrechtes Labyrinth. Claude Ruinart (1732–1798), ein Avantgardist seiner Zeit, erkannte in ihnen als Erster die Vorzüge für eine optimale Reifung. Sie bieten konstante Temperaturen, ein frisches, trockenes Klima, eine schwache Lichteinstrahlung und keinerlei Erschütterungen. Die meisten Zeitgenossen erklärten ihn für verrückt, als er einen Teil der Minen käuflich erwarb, ein Firmengebäude über den »Crayères« errichtete und den gesamten Betrieb dorthin verlegte, denn für damalige Verhältnisse lag der Hügel weit vor den Toren der Stadt Reims.

Doch der Erfolg gab ihm Recht, und so folgten weitere Champagner-Häuser seinem Vorbild und ließen sich ebenfalls hier nieder. Die Betriebsgebäude von Ruinart wurden im Ersten Weltkrieg fast völlig zerstört und anschließend originalgetreu wiederaufgebaut. Die Keller hingegen – mit ihren 25.000 Quadratmetern auf drei Etagen – blieben stets unversehrt und leisten bis heute einen bedeutsamen Beitrag zum »Goût Ruinart«.

Die Champagner

Champagner ist nicht gleich Champagner, und je nach Anlass, Lust und Laune fällt die Wahl von Kennern und Genießern immer wieder anders aus. Für jeden Augenblick die richtige Cuvée, so könnte die Devise des ältesten Champagner-Hauses lauten. Für alle sechs Cuvées des gut strukturierten Sortiments gelten selbstverständlich höchste Qualitätsansprüche.

Ein wesentlicher Faktor für die Herstellung erstklassiger Champagner ist die Qualität und Beschaffenheit des Leseguts. Ruinart kann hierbei auf beste Grand Cru- und Premier Cru-Lagen zurückgreifen, die teilweise im Eigenbesitz sind. Darüber hinaus wird die Traubenqualität durch langjährige Verträge mit zuverlässigen Winzern garantiert. Was die Vinifikation angeht, so verarbeitet Ruinart immer nur die erste Pressung. Eine lange Hefelagerung von drei bis zu zwölf Jahren, je nach Cuvée, ist ebenfalls Bestandteil der Qualitätsphilosophie »Goût Ruinart«. Wichtigste Komponente ist jedoch der hohe Anteil Chardonnay. Dass ausschließlich Champagner der Geschmacksrichtung »Brut« das Haus verlassen, ist eine weitere Besonderheit, die vor allem in der Kombination mit erlesenen Speisen zum Tragen kommt und nicht zuletzt ein wichtiger Grund dafür ist, dass die Champagner aus dem Hause Ruinart auf den Weinkarten der besten Restaurants der Welt zu finden sind.

Die Prestige-Cuvées

Benannt nach Dom Thierry Ruinart, dem entscheidenden Impulsgeber zur Firmengründung, manifestiert sich in den beiden Prestige-Cuvées die gesamte Kunst der Champagnerherstellung. Sie sind der Inbegriff des »Goût Ruinart« und zählen zum Feinsten, was die Champagne zu bieten hat. Für Kenner schon lange kein Geheimtipp mehr, sondern vielmehr Understatement: Der *Dom Ruinart* stellt unter den Prestige-Cuvées der Champagne gewissermaßen eine Besonderheit dar. So stammen die Chardonnay-Trauben nicht nur aus der Côte de Blancs, dem eigentlichen Weißweingebiet in der Champagne sondern auch aus der Montagne de Reims, ein Gebiet, in dem in erster Linie Pinot Noir angebaut wird. Durch diese seltene Vermählung entsteht eine große Harmonie. Sie vereint die Finesse und Eleganz der Côte de Blancs mit der Kraft, Dichte und Fülle der Montagne de Reims. Dass Trauben für einen *Dom Ruinart* ausschließlich aus Grand Cru Lagen stammen und nur in herausragenden Jahrgängen ausgebaut werden, versteht sich von selbst. Mindestens acht Jahre reifen die Prestige-Cuvées in den Kreidekellern des Hauses und lassen die Herzen wahrer Genießer auf der ganzen Welt höher schlagen.

Der Dom Ruinart Weiß ist ein sehr guter Essensbegleiter, zu empfehlen zu Kaviar, Hummerragout, Gänseleber in verschiedenen Variationen, Lammkarrée, Apfeltarte, Käse wie Brebis des Pyrénées, Crayeux de ronq. Der *Dom Ruinart Rosé* harmoniert vor allem mit kräftigen und komplexen Hauptgängen, wie Wachtel mit Rosinen oder so-

gar Peking-Ente, Desserts mit karamellisierten Äpfeln oder Feigen. Auch zu einer Zigarre mittlerer Intensität ist er ein perfekter Genuss.

Die Verführer

Zwei Cuvées, die verführerischer nicht sein könnten. Kraftvolle Harmonie, natürliche Ausgewogenheit und eine zeitgemäße Leichtigkeit sind die Markenzeichen des *Ruinart Blanc de Blancs* und des *Ruinart Rosé*. Als wahre Charmeure überzeugen sie nicht nur durch ihr perfektes Äußeres sondern vor allem auch durch ihren köstlichen Inhalt, der nicht zuletzt auf die edle Herkunft aus Premier Cru-Lagen zurückzuführen ist.
Ruinart Blanc de Blancs passt gut zu gebratenem Zanderfilet oder mildem Kalbsfilet. *Ruinart Rosé* ist ein schöner, fruchtiger Apéritif und begleitet wunderbar Hummer und leichte Fischvorspeisen, Poularde, Taube und Kalb sowie Biskuit-Desserts mit Beeren, Birnen oder frischen Feigen.

Die Klassiker

Und last but not least die »Klassiker«. Neben den Prestige-Cuvées und den Verführern *Ruinart Blanc de Blancs* und *Ruinart Rosé* runden der *»R« de Ruinart* und der *»R« de Ruinart Jahrgangschampagner,* derzeit eine Cuvée des Spitzenjahrganges 1996, das erlesene Angebot des ältesten Champagner-Hauses ab. Auch sie überzeugen durch beste Qualität, Kraft und Fülle und vor allem durch die vom *Chardonnay* geprägte Eleganz. Der *»R« de Ruinart* ist ein idealer Apéritif-Champagner, passt aber auch zu dezenten Fischgerichten, die nicht zu kräftig sind, wie Krustentiere, gegrillter Steinbutt, Seezunge Müllerin Art, auch

zu Käse: Coulommiers blanc oder Maroilles blanc. Der *»R« de Ruinart Jahrgangschampagner* ist ebenfalls ein sehr guter Apéritif und der ideale Essensbegleiter zum Beginn eines Menüs, wie etwa zu leichten Vorspeisen wie Meeresfrüchte, Carpaccio von der Jakobsmuschel oder zu Fischgerichten wie pochierter Wolfsbarsch mit Olivenöl.

Ruinart in Deutschland

Wie aus den Archiven des Hauses hervorgeht, wurde seit der Firmengründung 1729 der deutsche Markt bei *Ruinart* als wichtiger Abatzmarkt betrachtet.

In dieser Tradition hat *Champagne Ruinart* im April 1996 eine eigene Vertriebsfiliale in Deutschland gegründet, um die Position seiner Marke kontinuierlich auszubauen. Seit diesem bedeutenden Schritt ist das Haus weiter auf dem Weg nach oben. Die exklusive Ausrichtung auf Partner der Gastronomie und des gut sortierten Fach-

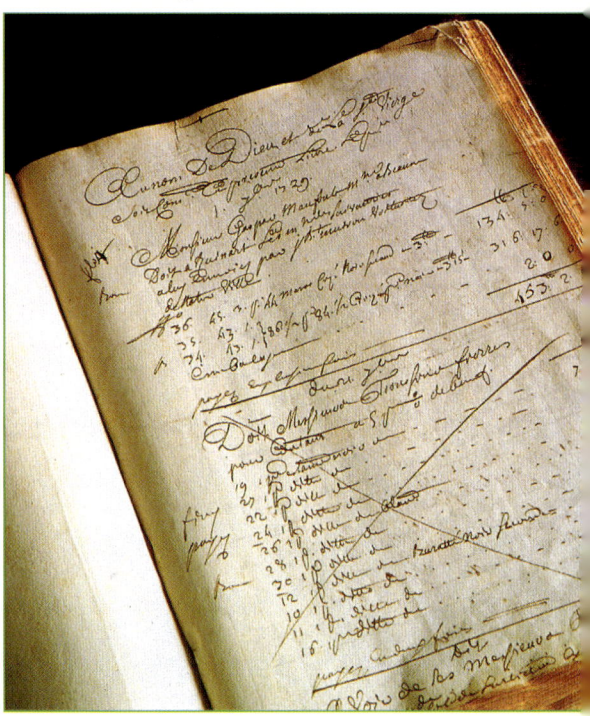

unten: Das Archiv von Ruinart reicht weit zurück und belegt eine enge Verbindung zu Deutschland.

rechts oben: Das Eingangsportal von Ruinart.

rechts: Nicht nur schön auf der Zunge, auch sonst ist der edle Dom Ruinart und seine »Verpackung« eine Augenweide…

handels haben maßgeblich zum Erfolg der Marke beigetragen. Besonders starke Zuwächse konnten dabei in der deutschen Top-Gastronomie erzielt werden, so auch bei Rolf Straubinger im Hotel-Restaurant Burg Staufeneck. Hier ist es nicht nur ein großer Genuss, *Champagne Ruinart* als Aperitif zu genießen.

Alle Cuvées des Hauses lassen sich auch äußerst gut mit den höchstkreativen Speisen des *Jeune Restaurateur* verbinden. Dies gilt natürlich nicht nur für die ausgezeichneten Fischgerichte.

Daten und Fakten • Ruinart – das älteste Champagner-Haus

Gegründet: 1729 und damit das älteste bestehende Champagner-Haus

Firmensitz
4, rue des Crayères
51110 Reims • France

Präsident
Bernard Peillon

Keller-Direktor
Jean-Philippe Moulin

In Deutschland
Champagne Ruinart
Moët Hennessy
Deutschland GmbH
80335 München • Deutschland

**Direktor Vertrieb
und Marketing**
Thomas Hänle

Bekannte Lagen
• *Grand Cru*
Montagne de Reims: Sillery, Mailly, Puisieulx, Ambonnay, Verzenay

Côte des Blancs: Cramant, Le Mesnil

• *Premier Cru*
Villers Marmery, Mareuil-sur-Ay, Ludes

Herbst

Red Snapperfilet auf Salat von Gartenbohnen und Steinpilzen mit gefülltem
Crissini

Spaghetti »Carbonara« mit
bretonischem Hummer

Seeteufel an der Gräte gebraten
mit Muscheln und Fenchel in Safran-
Gewürzsud

Variationen vom Elstar Apfel

Red Snapperfilet auf Salat von Gartenbohnen und Steinpilzen mit Crissini

Red Snapper

4 Filets vom Red Snapper à 70g

Meersalz, Pfeffer aus der Mühle, Olivenöl

Salat von Gartenbohnen

20 Scheiben von kleinen Steinpilzen

16 grüne Bohnen blanchiert

16 gelbe Bohnen blanchiert

12 Kirsch-Ofentomaten

0,4 l Kartoffelfond

Knoblauchzehe

Thymianzweig

Bohnenkraut

Olivenöl

Steinpilzcrissini

120 g Steinpilzbrunoise

4 St Frühlingsrollenteigblätter

Eiklar zum Kleben der Crissini

1 Esslöffel Schalottenwürfel

1 Esslöffel geriebener Parmesan

Petersilie

Vinaigrette

0,1 l Kartoffelfond

Bohnenkraut

3 cl Weißer Essig

4 cl Olivenöl

Red Snapperfilet

Red Snapperfilets mit grobem Seesalz, Pfeffer aus der Mühle und Olivenöl würzen. Auf einem geöltem Blech mit Folie abdecken und bei 69°C (Umluft) für etwa 15 Minuten garen. Der Fisch sollte glasig und saftig sein.

Salat von Gartenbohnen

Bohnen blanchieren und kurz im Eiswasser abschrecken. Steinpilze putzen und halbieren. Mit einem Thymianzweig und einer gepressten Knoblauchzehe anbraten. Bohnen, Pilze und Tomaten mit der Vinaigrette und dem Bohnenkraut marinieren.

Steinpilzcrissini

Steinpilze in Würfel schneiden und mit den Schalotten anbraten. Petersilie und Parmesan hinzugeben.

Die Frühlingsrollenblätter halbieren und nebeneinander legen. Mit den Steinpilzduxelles dünn bestreichen und einrollen. Anschließend im Fettbad ausbacken.

Vinaigrette

Den Kartoffelfond mit Essig und Öl verrühren und das Bohnenkraut hinzugeben.

Die marinierten Gartenbohnen und die Steinpilze auf einem Teller anrichten. Das Fischfilet auf den Gemüsen anrichten. Das Steinpilzcrissini anlegen. Das Ganze mit der Vinaigrette nappieren (angießen).

Spaghetti »Carbonara« mit bretonischem Hummer

Hummer

2 kleine bretonische Hummer

à 500 – 600 g

0,1 l Hummerfond

0,1 l Hummerbisque

8 dünne Scheiben milder

getrockneter Speck

80 g Tomaten Concassés

40 g Parmesan

10 Basilikumblätter

25 g Pesto

zum Hummer kochen: auf einen Li-

ter Wasser 40 g grobes Meersalz

Basilikum zum Garnieren

Spagetthi

100 g Spaghetti (beste Qualität)

Bretonischer Hummer

Die Hummer in kochendem Meersalzwasser 30 Sekunden kochen. Die Scheren abbrechen und 2 – 3 Minuten nachziehen lassen.

Den Hummerschwanz mit dem Messer halbieren und den Darm entfernen. Die Scheren ausbrechen. Die Karkassen für den Hummerfond aufbewahren.

Die halbierten Hummerschwänze mit der Fleischseite in Olivenöl anbraten, bis eine leichte Bräunung entsteht. Anschließend umdrehen und 2 Minuten ziehen lassen.

Die ausgelösten Scheren hinzugeben und leicht erwärmen. Achtung nicht überhitzen!

Spaghetti

Die Spaghetti in reichlich Salzwasser »al dente« kochen.

Im Hummerfond schwenken, die kleinen Glieder der
Hummerscheren und die Tomatenwürfel untermischen.
Mit etwas Parmesan und Pesto abschmecken.

Die Spaghetti anrichten, die Hummerschwänze und
Scheren, sowie den getrockneten Speck dazugeben.

Seeteufel an der Gräte gebraten mit Muscheln und Fenchel in Safran-Gewürzsud

Seeteufel

800 g geputzter Seeteufel mit

Mittelgräte, ohne Haut

Salz, Pfeffer aus der Mühle

2 EL Mehl zum wenden

5 EL Olivenöl

2 geschälte Knoblauchzehen

2 Thymianzweige

150 g gewürfeltes Gemüse

(Karotte, Staudensellerie, Zucchini,

weiße Zwiebel, Fenchel)

1 Msp mildes Paprikapulver

½ frische Chillischote

320 g Bouchot Muscheln (kleine Mies-

muscheln, beim Fischhändler bestellen)

0,1 l trockener Weißwein

0,1 l Fischfond

½ EL geriebene rohe Kartoffel

8 abgezogene, in Olivenöl gebratene

Cocktailtomaten

4 EL gehacktes Fenchelgrün

gezupfte Fenchelspitzen zum Anrichten

Seeteufel...

Den Seeteufel mit Salz und Pfeffer würzen und in Mehl wenden. 3 EL Olivenöl in einem ofenfesten Bräter erhitzen und den Seeteufel von beiden Seiten anbraten.

Eine Knoblauchzehe und die Thymianzweige hinzufügen. Bei 170 °C im Ofen 12–15 Minuten garen lassen.

Für die Muscheln zwei Esslöffel Olivenöl in einem Topf erhitzen und das Gemüse darin anschwitzen, eine Knoblauchzehe fein hacken und hinzufügen.

Safran, Curry, Paprika und Chilli kurz mit anschwitzen. Muscheln dazugeben. Weißwein und Fischfond angießen. Den Topf mit dem Deckel schließen und die Muscheln etwa 8–10 Minuten garen, bis sie sich geöffnet haben. (Kochschule Seite 38)

Mit einem Schaumlöffel herausheben und warm stellen. Den Sud mit der geriebenen Kartoffel binden, einmal aufkochen.

Den Seeteufel quer zur Mittelgräte in vier Portionen schneiden. Mit dem Muschelsud angießen. Mit Muscheln, Tomaten und Fenchelspitzen dekorieren.

Variationen vom Elstar Apfel

Apfel »Tatin«

200 g Blätterteig

2 Äpfel

1 EL Butter

1 EL Zucker

Apfel-Calvados-Süppchen

2 Äpfel

20 g Zucker

150 g Apfelsaft

20 g Calvados

halb geschlagene Sahne

geriebene Schokolade

Apfelsorbet

3 Äpfel

0,3 l Apfelsaft

200 g Zucker

Apfelkegel

100 g schwarze Kuvertüre

3 Eigelb

75 g Zucker

250 g Sahne

2 Äpfel

1 Blatt Gelatine

Apfel »Tatin«

Äpfel in kleine Würfel schneiden und in einer Pfanne mit brauner Butter braten. Zucker dazugeben und karamelisieren. Entstandene Flüssigkeit verdampfen lassen.

Mit Blätterteig in der Größe der Pfanne bedecken und bei 180 °C im Ofen backen. Die »Tatin« auf einem Teller umdrehen und die gewünschte Form ausstechen.

Apfel-Calvados-Süppchen

Äpfel entkernen und schälen. Zucker karamelisieren und mit Calvados ablöschen. Äpfel dazugeben, verkochen und im Anschluss im *Thermomix* pürieren und passieren.

Mit Apfelsaft vermischen und in ein Glas füllen. Mit halbgeschlagener Sahne zudecken und mit Schokolade dekorieren.

Apfelsorbet

Äpfel schälen, entkernen, pürieren und passieren. Apfelsaft erwärmen, mit Zucker und dem feinen Püree mischen und in die Eismaschine geben.

Apfelkegel

Kuvertüre schmelzen lassen und wie in der *Kochschule* gezeigt, die Kegel aufbauen. (Kochschule Seite 40)

Die Äpfel schälen und entkernen und daraus ein Mus kochen, dieses pürieren. Die in kaltem Wasser eingeweichte Gelatine darin schmelzen.

Eigelb und Zucker warm schaumig schlagen, Apfelmus einrühren, geschlagene Sahne unterheben. In die Schokolade füllen und einfrieren.

Munz Intervin

Die hohe Kunst der Weinauswahl

Mit ausgewählten, hochwertigen Weinen bietet die Spitzen-Gastronomie ihren Gästen ein angemessenes Äquivalent zu entwickelter Küchenkultur. Besonders das Weinangebot prägt – neben dem Koch und seiner Kunst – den Stil und den Charakter eines Restaurants. Und ebenso wie der kulinarische Genuss dem Schnellen und Beiläufigen widerspricht, erfordert das Wissen zur Auswahl und Bereitstellung eines hochwertigen Weinsortiments eine entsprechende Sorgfalt und langjährige Erfahrung.

Chevalier Paul Munz – Weingenuss und Lebenskultur

Paul Munz, ein »homme de vin«, hat diese Erfahrung und läßt auch die nötige Sorgfalt walten. Er ist ein Mann, der das Wissen um die Sorten, den Anbau und die Herstellung profund in sich vereinigt. Er liebt den Wein leidenschaftlich und ist ständig akribisch auf der Suche nach Spitzenqualitäten. Und nicht zuletzt repräsentiert er die Lebensfreude, die die Weinkultur vermittelt in einem hohen Maße selbst.

Anerkennung von höchster Stelle

Vor einiger Zeit hat der Präsident der Republik Frankreich den Schwaben Paul Munz zum Ritter geschlagen, zum *»Chevalier de l'Ordre du merite Agricole«*. Diese Auszeichnung, die nur ausnahmsweise an Nichtfranzosen verliehen wird, ist der Dank dafür, dass sich der Schwabe Munz seit vielen Jahren als Botschafter französischer Spitzengewächse in Deutschland verdient gemacht hat.

Sein Wissen, seine Kenntnisse der Reben und Traubensorten, der Bodenqualitäten und Vinifizierungsmethoden konnte Munz im Herzen Frankreichs, in Burgund, von Grund auf erlernen. Seither präsentiert er in Deutschland Häuser aus den renommiertesten französischen Weinregionen: aus Bordeaux und Burgund, aus dem Elsaß und der Provence, dem Rhone- und Loiretal, und schließlich auch aus der Champagne.

Bei Lieferanten und Kunden genießt Paul Munz hohes Vertrauen. Renommierte Küchenmeister lassen sich von ihm beraten. Und die Weinkarten höchst angesehener Restaurants tragen seine Handschrift. Schließlich würde

Weinempfehlung

Red Snapper

2002er Bourgogne Blanc Chardonnay
Maison Henri Boillot, Meursault
Munz Intervin

Ein frischer Wein von feiner Frucht und Lebendigkeit und dabei höchster Qualität. 50% der Trauben stammen aus Meursault-Villages-Lagen, die andere Hälfte aus Saint Aubin. Der Chardonnay wird in neuen Eichenholzfässern ausgebaut. Dieser Wein eignet sich auch hervorragend als Aperitif, begleitet jedoch durch seine geschmackliche Vielschichtigkeit und durch seine feine Säure genau so problemlos ein kleines Menu.

Spaghetti Carbonara

1999er Chablis Grand Cru »Les Clos«
Domaine William Fèvre, Chablis
Munz Intervin

Das beste Grand-Cru-Gewächs aus dem Hause Févre, wenn man ihm die nötige Zeit zum Entfalten lässt. Er begeistert durch seine Eleganz und Feinheit.

Das Bukett ist von einer bemerkenswerten Vielfältigkeit: Fruchtige, blumige und würzige Duftnoten mit einem starken mineralischen Charakter.

Paul Munz keinen Wein empfehlen, der seinen hohen Qualitätsmaßstäben nicht genügen würde. Seine Maxime bleibt dabei stets einfach und prägnant: »Ich stehe hinter meinen Weinen«. Überzogene Versprechen sind seine Sache nicht. Und vielen Restaurantchefs ist Paul Munz, wie einer von ihnen im Vertrauen zugibt, »…richtig ans Herz gewachsen – nicht nur als Berater und Lieferant, sondern auch als Freund«.

links: Chevalier Paul Munz – Ritterschlag wegen seiner Verdienste um den französichen Wein.

rechts: eine Auswahl an großen französischen Weinen, die über Jahre mit viel Liebe und Sachverstand gewachsen ist.

Schwäbische Tugenden und französisches savoir vivre

Der »Chevalier« Paul Munz ist eine bemerkenswerte Persönlichkeit. Als waschechter Schwabe ist er sachlich, konsequent und unnachgiebig in Sachen Qualität, aber, auf der anderen Seite ist er auch ein französischer Bonvivant, wenn es um das »savoir vivre«, um die französisch geprägte Lebensqualität geht.

Aber darum dreht es sich schließlich in seinem Beruf: Freude an genussvollem Leben vermitteln und beraten. Mit hohem Detailwissen und untrüglichem Geschmack und mit viel Sinn für höchste Weinqualität.

Munz Intervin

Sortiment: Eine hervorragende Auswahl an französischen Wein-Spezialitäten aus allen großen und wichtigen Anbaugebieten. Schwerpunkt sind die Rotweine aber auch eine gute Selektion an Weißweinen ist im Angebot. Außerdem Champagner, Cognac, Armagnac, Calvados

Vertrieb: Es gibt einen informativen Katalog in dem das Sortiment präsentiert wird. Außerdem erfährt man viel über die Weingüter, die Anbaugebiete und die Weine. Bestellungen über Internet sind ebenso möglich.

Lager und Auslieferung: Stuttgart, Abholung möglich.

Die Domaine William Fèvre besitzt 4,11 Hektar Weinberge, das sind genau 15,8% des gesamten Anbaugebietes. Die Reben wachsen dort auf felsigen Böden, sowie auf kompakter, tiefreichender Lehmerde und Konglomeraten aus Fossilien und Steinen. Die Kalkverdichtungen die sich in einer Tiefe von 80 Zentimeter finden lassen, verleihen diesem »Grand Cru« seine Aromen und seinen würzigen Geschmack.

2000 Château Carbonnieux, blanc
Pessac-Leognan
Alpina

Chateau Carbonnieux ist eine klassische bordelaiser Cuvee aus Sauvignon Blanc und Semillion, die sich durch feine Fruchtaromen von Melone, Maracuja, Limone und Apfel mit einer gut stützenden Säure auszeichnet. Durch die geringen Hektarerträge ist der Wein schön dicht und konzentriert. Dieses Weingut ist seit Jahren für seinen hervorragenden Weißwein bekannt.

Weingut Bernhard Ott

Österreichs Rebe…

Bernhard Ott ein Senkrechtstarter in der österreichischen Weinszene, aber nicht nur da. Ein guter Ruf eilt ihm voraus und auch international muss sich der Winzer aus dem niederösterreichischen Feuersbrunn schon lange nicht mehr verstecken.
Anfang der 90er waren dem 20jährigen Ott die 800 Seelen in seinem Heimatort zu wenig und das Dorf zu eng, er will die Welt sehen und viel lernen – über das Leben und vor allem über Wein – und er macht sich auf den Weg…

Sommer 1993 – Bernhard Ott kehrt zur Weinlese nach Hause zurück. Er hat viel von Europa gesehen, Weinmanagement studiert und den Kopf voller neuer Ideen. Er muss für den erkrankten Vater einspringen und tut es ohne zu zögern, gerne, aber auch machtvoll. Die »Palastrevolution« beginnt…

Herbst 1993 – weg mit den muffigen großen Holzfässern, her mit den klinisch sauberen Stahltanks. Weg von Sorten-

vielfalt, Konzentration auf die »Brot-und-Butter-Rebe« *Grüner Veltliner*, aber die mit mehr Finesse, mehr Fülle, noch mehr Eleganz. Bernhard Ott: *»Der Grüne Veltliner war jahrzehntelang in unseren Breiten ein ständiger Begleiter. Wie ein treuer alter Hund, der still in der Ecke liegt. Und dem will ich auf die Sprünge helfen«.*

Ich werde diese Weine im Tantris listen…

Im Juni 1994 steht Bernhard Ott mit seiner neuen, Weinlinie auf der Internationalen Weinmesse VINOVA. Keiner kennt ihn, und es sieht nicht so aus, als ob sich das so schnell ändern sollte. Aber manchmal kommt dem Mutigen der Zufall zu Hilfe – diesmal mit dem Erfolg im Schlepptau. Tantris-Sommeliere Paula Bosch kostet ohne Vorurteile gegenüber Rebsorte, Region oder gar Jugend und er ist drin: gelistet bei einem der renommiertesten Häuser Deutschlands
Herbst 1995 – Bernhard Ott übernimmt mit knapp 22 Jahren den Betrieb. Ein stolzer Vater tritt in die zweite Reihe, nicht ohne dem Wirbelwind einen Ratschlag mit auf den weiteren Weg zu geben. *»Was andere mit 40 schaffen, sollst du mit 30 erreichen. Das Leben ist so kurz, da sollte man Zeit haben, sich am Erreichten freuen zu können«.*

oben: alle Weine werden in Stahltanks ausgebaut.
rechts: eine reizvolle Verbindung von Tradition und Moderne – auch das zeichnet die Weine aus.

Weinempfehlung

Seeteufel…

2001 Chardonnay, trocken
Weingut Huber, Malterdingen

Im badischen Malterdingen wuchsen in den 50er Jahren etwa 20 Hektar Chardonnay. Damals gab es aber im badischen zu wenig Weißburgunder-Pfropfreben. So holten sie sich die (vermeintlichen) Weißburgunder-Setzlinge in Burgund. Wie sich jedoch erst vor einigen Jahren herausstellte, waren dies Chardonnay-Reben. Die Winzer waren eher unzufrieden, wegen der geringen Erträge in den 50er, 60er und 70er Jahren. Deswegen wurden die meis-

ten Pflanzen wieder gerodet, nur zwei Anlagen blieben bestehen und sind heute in Besitz der Familie Huber.
Der Wein, dessen Ertrag bei 42 l/ar lag, machte die alkoholische und die malolaktische Gärung (Säureabbau) je zu einem Drittel in neuen, zweit- und drittbelegten Barriques durch. Er zeichnet sich durch einen extraktreichen Körper aus. In der Nase besticht er durch seinen exotischen Duft (reife Ananas, Banane), dezente Röstaromen und einen Hauch von Karamell.
Im Mund unterstützen die Röstaromen die komplexen Fruchtaromen, jetzt auch Mango, wobei er nicht so breit wirkt, wie manche Chardonnay, eher bleiben Frucht und der lange Abgang im Gedächtnis.

2002 - Bernhard Ott ist 30, und er hat enormes erreicht. 90 Prozent der 16 Hektar Rebfläche sind für den Grünen Veltliner reserviert. Rund die Hälfte der Jahresproduktion geht in den Deutschland-Export. Kritiker überbieten sich in Lobeshymnen über den in Windeseile vom Geheimtipp zum Arrivierten aufgestiegenen Vollblutwinzer. Bernhard Ott sieht's gelassen – er weiß um seine und die Qualitäten seines Weines: »Der Grüne Veltliner ist unsere Chance. Der wächst nirgendwo anders. Der kann nicht wie Chardonnay von jedem übernommen werden. Und ist bei hoher Reife gut zehn bis zwanzig Jahre lagerbar«.

Mitglied bei den Traditionsweingütern

Das Weingut Ott ist stolzes Mitglied bei den Traditionsweingütern Österreichs. Vor 10 Jahren begann ein kleiner

Kreis von Winzern aus dem Krems- und Kamptal in regelmäßigen Abständen zusammenzukommen, um über ihre Leidenschaft, den Wein zu diskutieren. Vor allem um die Lagen, Böden, Klima und Rebe und deren Zusammenhang mit der Qualität und Identität des Weines rankten sich die meisten Gespräche. Daraus entwickelte sich der Verein.

Wenn man als ausgesprochener Veltlinerspezialist auf stolze 50% Exportanteil verweisen kann, ist das schon etwas Besonderes in Österreich. Bernhard Ott ist es in verhältnismäßig kurzer Zeit gelungen, sich in die Winzerelite des Landes hinaufzuarbeiten.

> ### Weingut Bernhard Ott
>
> Rebfläche: 16 Hektar
> Durchschnittsertrag: 50 hl/ha
> Jahresproduktion: 130 Tsd. Flaschen
> Boden: 90% Lössböden, 10% roter Tertiärschotter
> Rebsorten: 90% Veltliner, 5% Riesling, 5% Sauvignon
> Beste Lagen: Feuersbrunner Rosenberg (Löss), Feuersbrunner Spiegel (Löss/Tertiärschotter)
> Spezialitäten: Grüner Veltliner. Außerdem wachsen auf dem Weingut etwa 3.000 Marillenbäume, die von Schnapsbrenner Hans Reisetbauer gebrannt werden.

Variationen vom Elstar Apfel

2002 Seusslitzer Heinrichsburg
Traminer Auslese
Schloss Proschwitz

Die Farbe dieser Auslese ist ein volles sonnengelb mit goldenen Reflexen.
Süße Traminerfrucht, reife Litschi, Zitrusschale und Rosen in der Nase.
Im Mund dann wirkt der Wein weich und leicht ölig.

Der Traminer hat eine gut eingebundene Säure, die den Körper des Weines stützt. Auch finden sich wieder reife Litschi und Honig.
Wie weicher Schmelz im Mund, der lange im Mund bleibt. Ein langer Nachhall.

Kaviar

Geschichte

Der Stör gehört zu den ältesten Lebewesen auf der Erde. In seiner heutigen Form tummelte er sich bereits vor 100 Millionen Jahren um Tyrannosaurus Rex und andere Dinosaurier. Der

Mensch hat sich die Vorzüge dieses Fisches schon früh zu nutze gemacht. Im Altertum diente er, in Salz eingelegt, als Hauptnahrung auf langen Schiffsreisen. In der Blütezeit Roms war der Stör kulinarischer Höhepunkt großer Festlichkeiten. Seit wann der Genuss von Kaviar eine zentrale Rolle spielt ist unklar. Die Russen verspeisen den Rogen (Eier) seit mehr als 1.000 Jahren.

In Europa und Nordamerika wurde man im 18. und 19. Jahrhundert auf diese Spezialität aufmerksam. Ob sie bereits damals eine hoch gehandelte Delikatesse war, ist zweifelhaft. Denn

mangels geeigneter Kühlmöglichkeit, war der Rogen zur Konservierung meist mit reichlich Salz aufbereitet. Um diese Zeit war der Stör auf der Nordhalbkugel so stark verbreitet, dass die unbehandelten Eier auch gern als Angelköder ausgeworfen wurden. In Hamburg gab es um 1800 sogar ein Gesetz, das es den Wohlhabenden der Hansestadt untersagte, den Bediensteten mehr als zweimal die Woche Stör vorzusetzen.

Im Gegensatz dazu war er Anfang des 20. Jahrhunderts in weiten Verbreitungsgebieten bereits ausgestorben oder so extrem bedroht, dass der Fang untersagt wurde. Seit 1998 steht er unter Artenschutz.

Verbreitung der Störe

Wilde Störbestände von wirtschaftlicher Bedeutung existieren heute im Kaspischen und Schwarzen Meer sowie im Amur, dem Grenzfluss zwischen Russland und China. Im Mündungsgebiet der Donau kommt er vor, wie auch an der Westküste von Amerika. Im Asow'schen Meer findet man ihn heute auch noch.

Die drei Störe
Beluga

Der Grösste. In guten Zeiten sind den Fischern Belugen von bis zu fünf Meter ins Netz gegangen. 1.000 Kilogramm wog so ein 100jähriger Raubfisch. Die Kaviarausbeute war entsprechend: 15 bis 20 Prozent. Heute birgt das Kaspische Meer kaum noch solche Riesen. 100-Kilo-Exemplare sind die Regel. Lediglich im Schwarzen Meer und im Amur gehen noch Raubfische von bis zu 400 Kilogramm ins Netz.

Ossetra

Der Allesfresser. Ossetra Störe wiegen zwischen 25 und 60 Kilogramm. Nur wenige Exemplare wiegen mehr als 150 Kilogramm. Die durschnittliche Länge ist anderthalb Meter. Im Gegen-

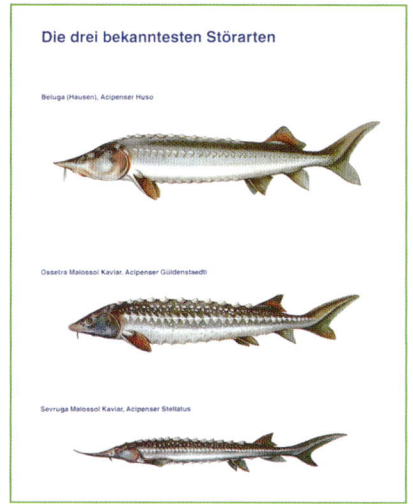

Die drei bekanntesten Störarten

Beluga (Hausen), Acipenser Huso

Ossetra Malossol Kaviar, Acipenser Güldenstaedtii

Sevruga Malossol Kaviar, Acipenser Stellatus

satz zum Beluga gründelt er gern. Daher ist die Farb- und Geschmackspalette des Rogens so vielseitig. Eine farbliche Rarität ist der Albino-Ossetra, er liefert einen hellgelben Kaviar. Ossetra-Weibchen tragen erstmas nach etwa zwölf Jahren Rogen.

Sevruga

Der Feine. Der Sevruga-Stör wird selten schwerer als 25 Kilogramm und misst ein bis anderthalb Meter. Mit den stark ausgeprägten seitlichen Knochenplatten und der langen spitzen Schnauze, ist er der eleganteste aller Störe. Sevruga-Weibchen laichen das erste mal nach etwa 8 Jahren.

Die meisten heute noch ebenden Störe sind Salzwasserfische, die nur zum Laichen in das Süsswasser der Flussläufe ziehen. Die Weibchen legen unbefruchtete Eier ab. Sie bleiben bis zur Befruchtung klebrig, damit sie sich am Flussuntergrund halten können. Das ist sicherlich ein entscheidender Grund dafür, das der im Meer gefangene Kaviar körniger ist als der aus dem Fluß – er ist einfach noch nicht reif.

Welcher ist der Beste?

Eine einfache Frage, eine schwierige Antwort. Eigentlich sollte sich das jeder selbst beantworten – und dabei ganz seiner Zunge vertrauen. Einfach nur schmecken, ohne auf das Etikett zu schauen.

Die drei Kaviarsorten unterscheiden sich nicht nur preislich erheblich, sondern sind auch im Korn und im Geschmack absolut individuell. Grosse Körper, grosses Korn, das ist Beluga-Kaviar. Die Farbe der Eier variiert von hellgrau bis stahlgrau. Hell ist top, dunkel weniger geschätzt – dies ist aber kein Masstab für den Geschmack.

Beluga ist generell mild und schmeckt wunderbar cremig. Im Gegensatz zu besonders heller Ware, die hin und wieder tranig schmeckt. Beluga ist zartschalig. Empfindlich reagiert er bei Abweichungen der Lagertemperatur. Empfolen: -2 °C. Er kann sonst suppig und weich werden.

Tiefschwarz bis goldbraun, so sieht Ossetra aus. Die Iraner und die Russen unterscheiden drei Qualitäten. Die erste hat grosse, goldbraune, trockene Körner. Der Geschmack ist mild-nussig. Die zweite ist ebenfalls grosskörnig und trocken, aber dunkler und erinnert an Beluga. Er schmeckt stark nussig. Die dritte hat manchmal ein etwas feuchtes Korn und ist kleinkörniger. Bei dieser Standard-Ware variiert der Geschmack sehr stark. Es gibt vorzüglichen Kaviar, der den oberen Qualitäten nur optisch nachsteht. Wenn zu junge Störe gefangen werden, kann man das Pech haben, dass das Korn unangenehm weich ist und obendrein stark bitter schmeckt.

Ossetra-Kaviar ist in der Gastronomie am weitesten verbreitet. Wegen seines festen, trockenen Korns bringen ihn auch kurzfristige Temperaturschwankungen nicht aus der Form.

Viel Aroma mit feiner Note, so lässt sich Sevruga-Kaviar grob beschreiben. Die zartschaligen Eier sind kleinkörnig und changieren von hellgrau bis schwarz. Es gibt Spezialisten, die für einen frischen Sevruga alle anderen Sorten stehen lassen. Sein Geschmack erinnert an den von frischen Austern.

Eine besondere Delikatesse

…war früher der russische Presskaviar. Um ihn herzustellen wird etwas überreifer oder beschädigter Rogen in einen Leinensack gefüllt und in eine Salzlake eingelegt, anschließend wird er dann ausgepresst. Presskaviar hat einen unvergleichlichen aromatischen Geschmack. Leider steht dieser Kaviar in guter Qualität heute kaum noch zur Verfügung.

Woher kommt der beste

Aus dem Iran, Russland, Kasachstan? Oder doch Rumänien?

Sicher ist eines: Der Beste stammt aus dem Kaspischen Meer. Ob es die Wasserqualität, das Klima oder die Erfahrung der »Kaviarmachers« ist: Nirgends ist das »schwarze Gold« so gut wie aus russischer oder iranischer Hand. Wer erstklassigen Rogen beider Länder fair vergleicht, wird feststellen, dass beide den perfekten Genuss bieten.

Der größte Unterschied zwischen russischer und iranischer Ware ist die besondere Körnigkeit des iranischen Kaviars. Das liegt zum großen Teil daran, dass die Iraner im offenen Meer fischen. Die Eier sind noch nicht so reif. Gleiches gilt für Kaviar aus Aserbaidschan, der sehr körnig ist.

Andererseits birgt der unterschiedliche Reifegrad einen Vorteil für russischen Kaviar. Der Ossetra aus Kasachstan ist nuancenreicher. Zwar gibt es aus den Herbstfängen hin und wieder Dosen, die erdig schmecken, das Nussaroma eines erstklassigen Ossetra aber ist absolut unerreicht.

Kaviar aus dem Amur hat ein grasiges Aroma, das trifft für chinesische Ware noch mehr zu als für russische.

Störfang

Sobald das Eis nach den kalten Wintern die Flüsse wieder freigibt, beginnt in Russland und Kasachstan der Frühjahresfang. Der Stör wird mit Hilfe von Stellnetzen gefangen. An dieser Technik hat sich im Laufe der Jahrhunderte kaum etwas verändert. Von Booten aus werfen die Fischer in Teilen des riesigen Wolga-Deltas die Netze so aus, dass der Fluss für kurze Zeit gesperrt ist. Schlepperboote ziehen sie dann Richtung Land, wo die Störe in seichtem Wasser per Hand aus dem Netzen geholt werden, um sie dann in wassergefüllten Booten lebend zu den Verarbeitungsschiffen bringen zu können. Diese folgen den Fischern, um den Kaviar stets absolut frisch verarbeiten zu können.

Bis in den Juni hinein bringen die Belugas, die Sevruga und Ossetra die höchsten Erträge des Jahres. Zum Herbstfang, September und Oktober, gehen kaum noch Sevrugen in die Netze.

Der Iran fängt Ossetra und Beluga fast das ganze Jahr. In den Wintermonaten wird der Fang auf Sevruga ausgesetzt, im Januar dann wieder aufgenommen. Während der heissen Sommermonate ruht der Fang.

Unterscheiden muss man zwischen Störfang im Meer und im Fluß. Im Iran und in Aserbaidschan wird auf hoher See gefischt. Entlang der Kaspischen Küste stehen Aufbereitungsstationen, teilweise auf meterhohen Pfählen im Wasser. Dorthin bringen die Fischer ihre Beute aus den Stellnetzen nach den täglichen Kontrollfahrten.

Das Fischen im Meer ist in Russland und Kasachstan strengstens verboten. Aus gutem Grund, denn die staatlichen Aufzuchtbetriebe in Astrachan befürchten, dass das Abfischen im offenen Meer negativen Einfluss auf die Bestände hat.

Qualitätsmerkmale

Wenn Sie Ihre Kaviardose öffnen, darf der Inhalt nicht nach Fisch oder metallisch riechen. Die Körner sollten klar, fest und stabil in der Dose liegen. Merke: Frischer Kaviar duftet frisch.

- Kaufen Sie für kurzfristigen Bedarf nur Frischware. Wenn möglich, bestellen Sie diese beim Fachmann. Achten Sie auf das Haltbarkeitsdatum. Die Restlaufzeit darf nicht zu kurz sein; der Kaviar liegt dann schon länger beim Händler.

- An der Nahtstelle der Stülpdeckeldosen darf Flüssigkeit austreten. Sie darf unter dem Gummiring aber nicht verkrustet sein – ein Zeichen von zu langer Lagerdauer.

- Weisse Punkte (Terosin-Ablagerung) bei pasteurisierter Glasware sind Zeichen von Überlagerung. Nicht kaufen, der Kaviar ist zu alt.

- Achten Sie bei Störkaviar auf eine CITES-Import-Nummer, und meiden Sie auffällige Sonderangebote. Im Zweifel lassen Sie sich Lieferscheine zeigen, auf denen CITES-Nummern vermerkt sein müssen.

- Kaufen Sie nicht in Supermärkten. Hier erfolgt die Lieferauswahl nach extrem marktwirtschaftlichen Gesichtspunkten, es zählt nur der Preis. Keine Qualitätsgarantie.

- Kaufen Sie Kaviar, der von den wenigen aber namhaften Großhändlern in Deutschland importiert und abgefüllt wurde.

- Überprüfen Sie die Dosen auf eine EG-Zulassungsnummer. Das garantiert Ihnen höchste Sorgfalt bei der Hygiene.

- Wenn Sie Kaviar verschenken wollen und nicht wissen, wann die Ware verzehrt wird, entscheiden Sie sich für pasteurisierte. Das beschert auch bei nicht ganz sachgemässer Lagerung hohen Genuss. Eine Kühltasche ist ein Muss, die kriegt man beim Kauf.

Was passt zu Kaviar

Kaviar für sich ist eigentlich schon Genuss genug – alle Beilagen sollten deshalb mild und zurückhaltend sein. Sie sollen den wunderbaren Geschmack unterstreichen, nicht dominieren.

Frisches Baguette mit Butter, wachsweiches Frühstücksei, Rührei, fein geräucherter Stör oder Forellenfilets, Avocado pur oder als mild gewürzte Mousse, Kartoffelvariationen jeder Art und natürlich Blinis. Als Geschmacksträger kann man bestens Creme Fraiche verwenden. Auch hier lohnt es sich übrigens einen Euro mehr auszugeben. Günstige Creme Fraiche ist meist zu sauer und nicht zart genug. Gute Creme ist mild, hat eine geschmeidige Konsistenz und ist leicht gelblich.

Was passt nicht?

Der Super-Flop: Zitrone! Warum dieser Geschmackskiller so häufig zu Kaviar empfohlen wird, kann man nicht genau sagen. Vielleicht weil viel Kaviar verkauft wird, der besser doch einen Schuss Zitrone braucht. Es ist wie mit Austern und Zitrone – schade drum!

Auch sollte er nicht in warmen Speisen verarbeitet werden. Die Körner werden leicht hart und verlieren Ihren Geschmack. Bei warmen Gerichten immer erst zum Schluß dazugeben.

Was trinkt man zu Kaviar?

Wodka – keine Frage – gilt als das Getränk zu Kaviar. Grundsätzlich ist das nicht falsch. Denn das neutrale Aroma ist tatsächlich eine ideale Ergänzung zum mild-feinen Geschmack des Kaviars. Aber ehrlich: wenn ein genussvoller Abend nicht enden soll, wie so manche Geschäftsreise an die Wolga, ist der Wodka wohl besser als Digestif, denn als begleitendes Getränk geeignet. Sicherlich stimmungsvoller erscheint da ein Glas Champagner. Wählt man einen Weisswein, sollte dieser Eher herb oder frisch sein. Etwa verschiedene Sauvigon Blanc, wie Poully Fume oder Sancerre.

Möglich ist auch ein Sauternes. Um 1900 war es absolut üblich, zum Kaviar hochwertige Auslesen oder Beerenauslesen zu reichen. Denn der Botrytiston harmoniert bestens mit dem

Einmaleins des Kaviar-Servierens

Luft und Wärme sind für Kaviar die Feinde Nummer 1. Daher die ganz klare Regel: Dose immer erst kurz vor dem Servieren raus aus dem Kühlschrank und solange wie mögliche geschlossen halten.

Servieren in der Kaviarschale: Wer's ganz professionell machen will, kühlt bereits das Gefäss, bevor er es mit Eis füllt, denn so ist der Kaviar perfekt gebettet. Ideal ist Crash-Eis, weil die gesamte Dose mit dem Eis in Berührung ist. Auch auf dem Tisch sollte der Kaviar nie zu lange offen stehen.

Am besten benutzen Sie also eine Schale mit Deckel. Kaviar und Metalllöffel vertragen sich nicht – es sei denn, er ist aus Gold. Wer den nicht besitzt, greift am besten zu einem aus Perlmutt. Der ist ideal und stilecht. Doch um ganz ehrlich zu sein, ein schlichter Eierlöffel tut es auch.

Eine geöffnete Dose möglichst bald verzehrt werden. Angebrochener Kaviar ist bereits nach einem Tag im Geschmack beeinträchtigt.

Sie übertönt den feinen Geschmack. Ähnlich ungeeignet sind Zwiebeln, auch sie sind viel zu streng.

jodhaltigen Kaviar. Leider ist diese Empfehlung dem Trend zum trockenen Wein zum Opfer gefallen. Weniger empfehlenswert sind Rotweine.

Winter

Vorspeise vom Octopus, Calamares
und Pulpo

Coquilles St. Jaques mit Kaviar auf
Kürbis und roter Bete

Steinbuttschnitte in stillem Mineralwasser und Olivenöl gegart auf
Ölrauke

Schokoladensoufflé mit Passionsfrucht
gefüllt

Vorspeise vom Octopus, Calamares und Pulpo

Vorspeise vom Octopus

4 gefüllte Calamarettis

60 g gekochte Sepiastreifen

60 g gegrillte Paprikastreifen

40 g gekochter Octopus in Scheiben

40 g geputzte Calamares in Streifen

4 geputzte Fangarme

30 g gekochte weiße Bohnenkerne

30 g gekochte grüne Bohnen

80 g Kartoffel-Rouille Salat (Sommerrezept)

50 g Tomatenvinaigrette

4 Parmesanhippen

50 g Zitronen-Olivenöl-Marinade für

Calamares Salat und Sepia

Dunstmehl zum Frittieren

Zitronen-Olivenöl-Marinade

Saft einer ½ Zitrone

Meersalz, Pfeffer aus der Mühle

40 ml Olivenöl

Sepia mit gegrilltem Paprika...

Gekochte Sepiastreifen kreuzweise mit gegrilltem Paprika aufbauen und mit der Zitronen-Olivenöl-Marinade beträufeln. Warm stellen.

Gefüllte Calamaretti...

Gefüllte Calamaretti in Olivenöl mit angedrückter Knoblauchzehe und Thymian braten, anrichten und mit der Tomatenvinaigrette überziehen.

Octopusterrine mit Kartoffel-Rouille Salat

Gekochter Octopus in dünne Scheiben schneiden, mit der Marinade und einer Nocke des Kartoffel-Rouille Salates ausgarnieren.

Calamaressalat

Calamares-Streifen in der Pfanne mit Olivenöl kurz, heiß anbraten.

Mit zweierlei Bohnen, Kräutern und Knoblauchconfit, sowie der restlichen Vinaigrette marinieren.

Fangarme würzen und mit Dunstmehl bestäuben — kurz frittieren und auf dem Calamaressalat anrichten.

Sepia und Octopus kochen...

Für einen Liter Wasser 0,1 l Weißwein, 0,1 l weißer Essig und 200 g Wurzelgemüse.

Meersalz, ein Lorbeerblatt, einen Thymianzweig und Petersilienstengel. Alles aufkochen und geputzten Sepia und Octopus einlegen und etwa 1–1½ Stunden unter dem Siedepunkt garen bis das Fleisch weich ist.

Die Octopusarme in lauwarmem Zustand von seinen »Noppen« befreien.

Kartoffel-Rouille Salat

Rohe Kartoffelwürfel brunoise kochen mit leichtem Biss, nicht abschrecken. Abkühlen lassen und mit Rouille marinieren.

Coquilles St. Jacques mit Kaviar auf Kürbis und roter Bete

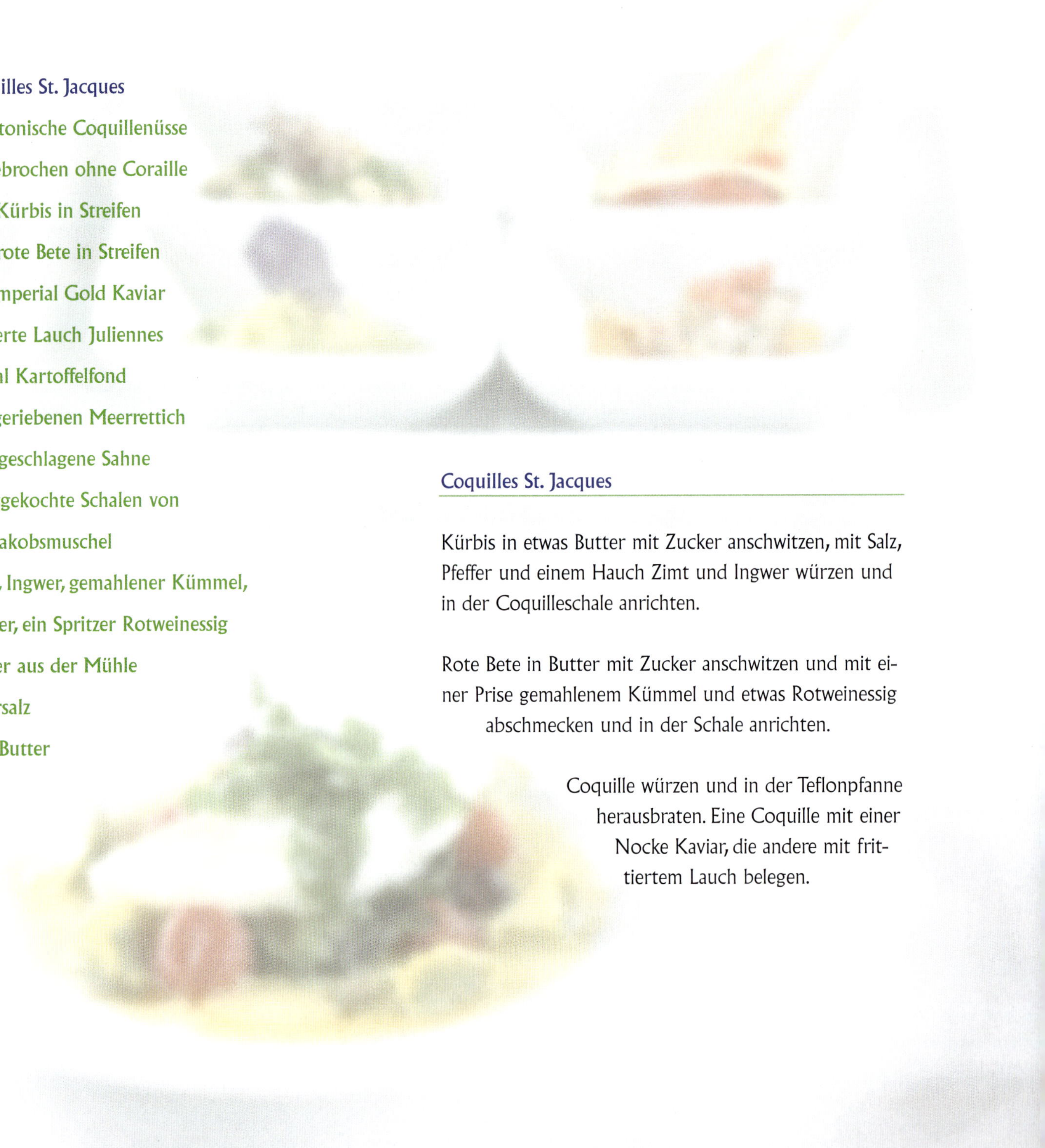

Coquilles St. Jacques

8 bretonische Coquillenüsse

ausgebrochen ohne Coraille

80 g Kürbis in Streifen

80 g rote Bete in Streifen

15 g Imperial Gold Kaviar

frittierte Lauch Juliennes

100 ml Kartoffelfond

10 g geriebenen Meerrettich

30 g geschlagene Sahne

8 ausgekochte Schalen von

der Jakobsmuschel

Zimt, Ingwer, gemahlener Kümmel,

Zucker, ein Spritzer Rotweinessig

Pfeffer aus der Mühle

Meersalz

60 g Butter

Coquilles St. Jacques

Kürbis in etwas Butter mit Zucker anschwitzen, mit Salz, Pfeffer und einem Hauch Zimt und Ingwer würzen und in der Coquilleschale anrichten.

Rote Bete in Butter mit Zucker anschwitzen und mit einer Prise gemahlenem Kümmel und etwas Rotweinessig abschmecken und in der Schale anrichten.

Coquille würzen und in der Teflonpfanne herausbraten. Eine Coquille mit einer Nocke Kaviar, die andere mit frittiertem Lauch belegen.

Meerrettichfond

Kartoffelfond mit geriebenem Meerrettich aufkochen und mit dem *ESGE–Zauberstab* aufmixen.

Geschlagene Sahne dazugeben und an die Muscheln an-gießen.

Steinbuttschnitte in stillem Mineralwasser und Olivenöl gegart auf Ölrauke

Steinbuttschnitte

4 Filet Mittelstücke vom bretoni-

schen 7 kg-Steinbutt à 90–100 g

Meersalz, Pfeffer aus der Mühle

0,15 l Apollinaris silence

0,1 l Olivenöl

150 g Ölrauke (Ruccola)

1 El Schalotten brunoise

16 kleine Kapernäpfel

8 schwarze Oliven

6 getrocknete Ofen-Kirschtomaten

Saft einer Zitrone

angedrückte Knoblauchzehen

Mondamin

Thymianzweig

Steinbuttschnitte

Feuerfeste Form mit etwas Olivenöl auspinseln. Steinbutt-schnitten mit Meersalz und Pfeffer würzen und in die Form legen. Mineralwasser und Olivenöl aufgießen, ange-drückte Knoblauchzehen und Thymianzweig zugeben.

Die Form an der Herdplatte erwärmen bis Flüssigkeit etwa 60 °C erreicht. Steinbutt wenden und im Ofen bei 75 °C für 8 – 10 Minuten garen. Steinbutt herausneh-men und warm stellen.

Den entstandenen Pochierfond auf etwa 0,15 l reduzieren und mit etwas kalt angerührtem Mondamin tropfenweise abbinden. Die Soße mit dem *ESGE–Zauberstab* noch einmal kurz aufmixen und Meersalz und Zitronensaft nachschmecken.

Ruccolablätter mit Schalotten brunoise in Olivenöl ansotieren, halbierte Kapernäpfel, Oliven und die getrockneten Ofentomaten untermischen und als Unterbau für den Steinbutt verwenden. Einige der Blätter frittieren und als Garnitur einsetzen.

Tipp aus der Küche...
Die Tropfen des angerührten Mondamins geben der aufgemixten Soße eine bessere Konsistenz.

Schokoladensoufflé mit Passionsfruchtschaum gefüllt

Schokoladensoufflé

2 Eier

60g Kuvertüre (70% Kakao)

60g Butter

60g Zucker

30g Mehl

Passionsfruchtschaum

3 Eigelb

50g Zucker

100g Mark von der Passionsfrucht

200g Schlagsahne

Passionsfruchtsorbet

250g Passionsfruchtsaft

200g Zucker

10 cl Wasser

Schokoladensoufflé

Eier und Zucker zusammen aufschlagen. Butter und Kuvertüre zusammen schmelzen lassen. Beide Massen gut
miteinander vermischen und Mehl dazugeben. Dann für
24 Stunden kalt stellen.

Passionsfruchtschaum

Eigelb-Zucker warm zusammen aufschlagen. Passions-
fruchtmark dazu geben und geschlagene Sahne vorsichtig unterheben. In eine Form füllen und für 24 Stunden
einfrieren.

Passionsfruchtsorbet

Alle Zutaten zusammenrühren und in eine Eismaschine
geben.

Aufbau des Soufflés. (Kochschule Seite 42)

Bernhard Huber

Einst und heute...

Im 13. Jahrhundert schrieben Zisterziensermönche Lobes-hymnen auf Malterdingens Weine – sie seien elegant und heißbegehrt. Heute ist es wieder so weit. Mit Bernhard Huber hat sich im badischen ein Winzer gefunden, der wieder eine Lanze für die heimischen Weine brechen möchte und den alten Glanz wieder neu aufleben lässt.

Mitte der 80er entdeckt Huber in einem Archiv Schriften über den Wein. Er forschte weiter und es begann »zu gä-ren«. Dann begann die lange Reise hin zur Spitze der deut-schen Rotweine mit dem schrittweisen Ausstieg aus der Ge-nossenschafts-Produktion. 1990 zeichnen sich dann die er-sten Erfolge ab – ein 1. Platz beim Vinum-Rotweinpreis. Und es geht beständig weiter bergauf. Die Preise häufen sich und werden internationaler – heute misst man sich mit großen Namen auf interationalem Parkett und macht eine sehr gu-te Figur dabei.

Francois Mauss, Franzose und Präsident der »Grand Jury European« räumt ohne Zögern ein: » Hubers Wein ist ab-solut einer der besten der Welt. ... Wenn Sie mich vor 20 Jahren gefragt hätten, ob die Deutschen eines Tages solche Weine erzeugen könnten, hätte ich gesagt: niemals, niemals, niemals.«

Hubers Kommentar: »Wir experimentieren immer noch und hoffen, jedes Jahr besser zu werden.« Man darf also ge-spannt sein, was die nächsten Jahre noch von den Weinber-gen und aus den Kellern von Bernhard Huber kommt.

Weinempfehlung

Salat von Oktopus

2003 Greco di Tufo DOC, Feudi di San Gregorio
Fischer & Trezza

Das Weingut Feudi di San Gregorio hat sich einen Spit-zenplatz erobert – auch in der »internationalen Liga«. Die Rebsorte wurde vor 2000 Jahren von den Griechen an den Vesuvhängen angebaut. Daher der Name Greco (*Grie-che*) und Tufo nach der Stadt. Die Reben wachsen auf mi-neralreichen, steinigen Böden. Die jungen Winzer von Feudi di San Gregorio arbeiten mit dem Starönologen Cotarella zusammen, sie bauen diese antike Rebsorte in höchster Perfektion aus.

Der Wein besticht durch brillante Farbe, ein leuchtenes hellgelb mit grünen Reflexen. In der Nase hat er ein er-frischendes Fruchtbouquet mit Anklänge an Pfirsich und Mandel. Eine dichte, kräftige Struktur, aber nicht überla-den. Elegant mit langem Abgang.

Winter Coquilles St. Jaques

2002 Muscadet de Sèvre & Maine sur Lie
»Chateau de la Ragotiére«
Chateau de la Ragotiére, Loire

Die Domaine »Chateau de la Ragotière« ist seit dem 14. Jhd. im Besitz der Familie Lord de Ragotière. Für die Qualitäts-bezeichnung »sur Lie«, darf der Muscadet nur einen Winter im Tank oder Fass auf der Hefe lagernd, verbracht haben. Dadurch bewahrt der Wein seine Frische. Der Jahrgang 1999 ist einer der besten Muscadet-Weine seit Jahren! Ein frischer, fruchtiger Wein, hervorragend zu Schalentieren.

Dom Ruinart

100% Chardonnay aus Grand Cru Lagen der Côte de Blancs und Montagne de Reims

Der Champagner präsentiert sich in einer goldgelben Far-be mit grünen Reflexen. Langanhaltene cremige Perlage. Er hat eine frische Nase mit Aromen von Mandeln, getoas-teten Brioche und Zitrusaromen. Im Gaumen kommen noch Anklänge von wunderschönen exotischen Aromen dazu. Ein großer Champagner.

von links nach rechts: Bernhard Huber will dem malterdinger Wein zu altem Glanz verhelfen.

Moderne Technik da wo es der Qualität zugute kommt – aber mit Blick auf traditionelle Werte.

Eine Selektion aus dem breiten Sortiment.

Rot- und Weißweine

Neben seinen hervorragenden und international beachteten Rotweinen, gelingen dem jungen Winzer auch ganz außergewöhnliche Weiße. Die werden hauptsächlich im Stahltank ausgebaut und liegen meist auch längere Zeit auf der Feinhefe. Allerdings werden Weißweine auch teilweise im Barrique ausgebaut, was den Weinen dann sehr dezente Holz- und Röstaromen mitgibt.

Bernhard Huber hat seinen Traum vom beachteten Malterdinger Wein also schon erfüllt…

Weingut Bernhard Huber

Rebfläche: 25 Hektar

Durchschnittsertrag: 52 hl/ha

Jahresproduktion: 160.000 Flaschen

Boden: Muschelkalkverwitterung

Rebsorten: 70% Spätburgunder, 12% Weißburgunder, 9% Chardonnay, 4% Grauburgunder, 5% andere Sorten

Beste Lagen: Hecklinger Schlossberg und Malterdinger Bienenberg

Steinbutt in Mineralwasser

2002 Weisser Burgunder, trocken, 12,5% vol.
Weingut Huber

Der Wein wurde überwiegend im Edelstahlfass ausgebaut, was ihn fruchtig und brillant erscheinen lässt, ein Teil wurde im Holzfass vinifiziert, was ihm Tiefe und Länge mitgibt. Leichter Mandel- und Aprikosenduft. Im Mund bekommt er durch die BSA eine cremige Note, welche durch die Frucht zu einem interessanten Geschmackserlebnis wird.

Schoko-Soufflé

1988 Banjuls, Grand Cru Cuvée, Réservé, AOC
Cave de L´Etoile, Banjuls-Sur-Mer, Languedoc

75% Grenache Noir, 15% Grenache Gris, 10% Carignan
Der berühmteste Süßwein der Region trägt die Appellation Banyuls und stammt von der spanischen Grenze, wo die Pyrenäen im Mittelmeer versinken.

Banyuls ist feurig, rassig, zugleich harmonisch und elegant. Neben der einfachen Bezeichnung sind drei Zusatzbezeichnungen möglich: *Banyuls Rancio* für Weiß-, Rosé und Rotwein; *Banyuls Grand Cru* und *Banyuls Grand Cru Rancio* nur für Rotwein. Mit *Rancio* bezeichnet man den Alterungston, den Ba-

nyuls durch Zutritt von Sauerstoff erhält. Banyuls ist süß, wenn Alkohol frühzeitig zugesetzt wird und er wird trocken, wenn der Alkohol erst zugesetzt wird, nachdem ein großer Teil des Zuckers vergoren ist. Der Zusatz *sec*, *brut* oder *dry* deute auf weniger als 54g Restzucker pro Liter hin. Ein trockener Tischwein enthält weniger als 4g Restzucker pro Liter.

Nur die Auswahl der besten Trauben wird für diese Cuvée verwendet, Lese in optimalem Zustand. Dann werden die Trauben entstielt und für die alkoholische Gärung eingemaischt, danach bleibt der Wein für eine gute Aromaausbeute weitere 3 Wochen auf der Maische stehen.

Der Ausbau über 6 Jahre in kleinen Holzfässern, die regelmäßig nachgefüllt werden um jegliche übermäßige Oxidation zu verhindern, ist nur mit dieser herausragenden Weinqualität möglich. Anschließend reift der *Banyuls Grand Cru* in der Flasche zu seiner endgültigen Trinkreife mit der er in den Verkauf gelangt.

Ein Spitzen-Banyuls. Feine, zarte, rauchige Aromen, Noten von Kaffee, Kakao, Karamel, Tabak und Nüssen, ein spektakulärer Begleiter zu Zigarre, Espresso und Schokolade. Hält angebrochen bis drei Monate im Kühlschrank.

Index

Bezugsquellen • Danksagung

Die nachfolgend aufgeführten Firmen, Verbände, Institutionen, Lehranstalten und Einzelpersonen haben uns bei der Entstehung und bei der Arbeit an diesem Buch begleitet und geholfen. Dies geschah auf sehr unterschiedliche Weise, zum Beispiel durch Bild- oder Textbeiträge, durch Informationen oder durch Warenmuster.

Jeder auf seine Weise hat damit zum Gelingen beigetragen.

Hier möchten wir und bei allen unten aufgeführten Stellen bedanken, hauptsächlich aber bei den Menschen, mit denen wir zu tun hatten.

Herzlichen Dank – es hat Spaß gemacht mit Ihnen zu arbeiten!

Apollinaris & Schweppes GmbH
Grüner Deich 15
20097 Hamburg
Tel. (040) 30054-0
www.apollinaris.de
Leben. Genießen. Apollinaris.

Ber-Bek Gastronomische Berufskleidung
Alter Ziegeleiweg 1
19399 Wendisch Waren
Tel. (038736) 8300
www.ber-bek.de
Ihr Partner für individuelle Kleidung in der Gastronomie

Blanco GmbH & Co. KG
Flehinger Strasse 59
75038 Oberderdingen
Tel. (07045) 44-0
www.blanco.de

BOS FOOD GmbH
Grünstrasse 24 C
40667 Meerbusch
Tel. (02132) 139-0
www.bosfood.de
Lebensmittelspezialitäten-Komplettsortiment. Zum Beispiel Kokos-Chili-Sosse, Tempura, Zitronengras, Slicer – perfekt für Kartoffelspaghetti

caviar and more
Elsa-Brandström-Strasse 21
71229 Leonberg-Höfingen
Tel. (07152) 355146
Der reine Kaviarspezialist – sämtliche Sorten, mit dem Schwerpunkt iranischer Kaviar

Champagne Ruinart
Moët Hennessy Deutschland GmbH
Nymphenburger Strasse 21
80335 München
Tel. (089) 99421-0
www.ruinart.com
Champagne Ruinart – Geheimtipp für Kenner und Genießer

Corpus Culinario
Heimhuder Strasse 81
20148 Hamburg
Tel. (040) 45000012
www.corpus-culinario.de
Vereinigung von inhabergeführten Feinkostgeschäften

Erich Adam Warenhandelsgesellschaft GmbH

Sonnenstrasse 9

87629 Füssen i. Allgäu

Tel. (08362) 6029

www.erich-adam.de

Elektrische Maschinen für Haushalt und Gewerbe – zum Bei-spiel: Der ESGE Zauberstab

Hadermann Glas-Design & Manufaktur

Gellerstrasse 98

CH–8222 Beringen

Tel. 0041 (0)526852183

www.glasteller.ch

Glasteller und Glasplatten in hoher Qualität für die Gastronomie, auch mit individueller Prägung

Jeunes Restaurateurs Ländersekretariat

Organize Public Relations

Riefenstahlstrasse 6

76133 Karlsruhe

Tel. (0721) 91245-0

www.orga-nize.de • www.jre.de

Kochmesser.de Import GmbH & Co. KG

Demmeringstrasse 23

04177 Leipzig

Tel. (01803) 595959

www.kochmesser.de

Deutschlands größter Importeur und Großhändler für hochwertige Küchenmesser und Zubehör

Kristallglasfabrik Spiegelau GmbH

Hauptstrasse 2-4

94518 Spiegelau

Tel. (08553) 2400

www.spiegelau.com

… der Profi für feinste Gläser

Palux AG

Wilhelm-Franck-Strasse 36

97980 Bad Mergentheim

Tel. (07931) 55-0

www.palux.de

PALUX AG – hochwertige Küchen und Kücheneinrichtun-gen mit Konzept für alle Bereiche der Gastronomie und Hotellerie. Wirtschaftlich. Ganzheitlich.

Rosenthal AG

Philip-Rosenthal-Platz 1

95100 Selb

Tel. (09287) 72-0

www.rosenthal.de

ROSENTHAL – Das Originale unserer Zeit.

Rungis Express GmbH & Co. KG

Am Hambuch 2

53340 Meckenheim

Tel. (02225) 883-0

www.rungis-express.de

Rungis Express – Partner der Spitzengastronomie für frische Lebensmittel aus aller Welt. Langjähriger Geschäftspartner von Rolf Straubinger, Burg Staufeneck.

Sushi Factory

Grindelhof 73

22767 Hamburg

Tel. (040) 555656-0

www.sushi-factory.de

SUSHI FACTORY – SIMPLY SUSHI.

VALRHONA S.A.

14 Avenue President-Roosevelt B.P. 40

F-26601 Tain-L'Hermitage Cedex

Tel. 0033 (0)475079004 (deutscher Ansprechpartner)

www.valrhona.com

Der Schokoladenspezialist: Hochwertige Tafelschokolade und Kuvertüre

Vorwerk & Co. Thermomix GmbH

Mühlenweg 17-37

42270 Wuppertal

Tel. (0202) 564-0

www.vorwerk.de

THERMOMIX – die kleinste und intelligenteste Küche der Welt

Wäschekrone Hotelwäsche GmbH & Co. KG

Hirschstrasse 98

89150 Laichingen

Tel. (07333) 804-10

www.waeschekrone.de

Der textile Hotel- und Gastronomieausstatter

Wein- & Getränkeempfehlungen

Alpina B. Bovensiepen GmbH + Co.
Alpenstrasse 35-37
86807 Buchloe
Tel. (08241) 5005-0
www.alpinawein.de

Fischer + Trezza Import GmbH
Ulmer Strasse 150
70188 Stuttgart
Tel. (0711) 460670-0
www.fischer-trezza.de

Munz GmbH - Intervin
Schafgärten 25
70619 Stuttgart
Tel. (0711) 4797767
www.intervin.de

Schlossgut Diel
55452 Burg Layen
Tel. (06721) 96950
www.schlossgut-diel.com

Staatsweingut Weinsberg
Traubenplatz 5
74189 Weinsberg
Tel. (07134) 504-0
www.lvwo.bwl.de

Weingut Gerhard Aldinger
Schmerstrasse 25
70734 Fellbach
Tel. (0711) 581417
www.weingut-aldinger.de

Weingut Bernhard Huber
Heimbacher Weg 19
79364 Malterdingen
Tel. (07644) 1200
www.weingut-huber.com

Weingut Bernhard Ott
Neufang 36
A-3483 Feuersbrunn
Tel. 0043 (0)27382257
www.ott.at

Weingut Beurer
Lange Strasse 67
71394 Kernen-Stetten i. R.
Tel. (07151) 42190
www.weingut-beurer.de

Weingut Drautz-Able
Faißtstrasse 23
74076 Heilbronn
Tel. (07131) 177908
www.drautz-able.com

Weingut Schloss Proschwitz Prinz zur Lippe
Dorfanger 19
01665 Zadel über Meissen
Tel. (03521) 76760
www.schloss-proschwitz.de

Bildnachweis • Impressum

Coverabbildung: Rungis Express, Meckenheim

Foodfotografie / Horst Michel, Michel Fotografie, Stuttgart: 22-43, 48-57, 66-75, 95-86, 104-113, 122-130, 140-149

Kur- und Sporthotel Traube Tonbach, Baiersbronn: 7

Dr. med. Gerhard Müller-Schwefe: 9

Warenkunde / Rungis Express, Meckenheim: 10-21, 157

Fischer + Trezza, Stuttgart: 58-59

Schlossgut Diel, Burg Layen / Fotos: Robin Head: 60-61

Kristallglasfabrik Spiegelau, Spiegelau: 62-65

Weingut Gerhard Aldinger, Fellbach: 76-77

Weingut Beurer, Kernen-Stetten i. R.: 78-79

Sushi-Factory, Hamburg: 80-84

Alpina B. Bovensiepen, Buchloe: 96-97

Weingut Schloss Proschwitz Prinz zur Lippe, Zadel über Meissen: 98-99

Apollinaris & Schweppes, Hamburg: 100-103

Weingut Drautz-Able, Heilbronn: 114-115

Staatsweingut Weinsberg, Weinsberg: 116-117

Champagne Ruinart • Moët Hennessy Deutschland, München: 118-121

Munz Intervin, Stuttgart: 132-133

Weingut Bernhard Ott, Feuersbrunn, Österreich: 134-135

Altonaer Kaviar Import Haus Gustav Rüsch, Hamburg: 136-139

Weingut Bernhard Huber, Malterdingen: 150-151

Erich Adam Warenhandelsgesellschaft, Füssen i. Allgäu: 156

Vorwerk & Co. Thermomix, Wuppertal: 158

Konzept, Gestaltung und Herstellung: BUCHMACHEREI, Stuttgart
Projektmanagement: Simon Dürr, Stuttgart
Koch und Restaurant: Rolf Straubinger, Burg Staufeneck
Foodfotografie: Horst Michel, Stuttgart
Druck: Druckerei Friedrich VDV, Linz

Autoren: Rolf Straubinger, Peter Geipel, Sonja Carlsson, Katsumi Hinohara,
Anja Johannes

ISBN: 3-936685-60-6